用于国家职业技能鉴定
YONGYU GUOJIA ZHIYE JINENG JIANDING
国家职业资格培训教程
GUOJIA ZHIYE ZIGE PEIXUN JIAOCHENG

会展策划师

（国家职业资格四级）

编审委员会

主　任　刘　康
副主任　原淑炜
委　员　陈建国　刘　萍　胡　斌　吴　杨
　　　　施振中　翁佩君　陈　蕾　张　伟

编审人员

主　编　胡　骉
编　者　胡　斌　刘义军　刘　萍　孙　洁
　　　　杨芳萍　易　华
主　审　施振中　翁佩君

中国劳动社会保障出版社

图书在版编目(CIP)数据

会展策划师：国家职业资格四级/中国就业培训技术指导中心组织编写. —北京：中国劳动社会保障出版社，2009

国家职业资格培训教程

ISBN 978-7-5045-8052-8

Ⅰ. 会…　Ⅱ. 中…　Ⅲ. 展览会-策划-技术培训-教材　Ⅳ. G245

中国版本图书馆 CIP 数据核字(2009)第 184113 号

中国劳动社会保障出版社出版发行

（北京市惠新东街1号　邮政编码：100029）

出版人：张梦欣

*

北京市艺辉印刷有限公司印刷装订　新华书店经销

787毫米×1092毫米　16开本　9印张　153千字

2009年10月第1版　　2016年1月第6次印刷

定价：16.00元

读者服务部电话：(010) 64929211/64921644/84626437

营销部电话：(010) 64961894

出版社网址：http://www.class.com.cn

前　言

为推动会展策划师职业培训和职业技能鉴定工作的开展，在会展策划师从业人员中推行国家职业资格证书制度，中国就业培训技术指导中心在完成《国家职业标准·会展策划师》（试行）（以下简称《标准》）制定工作的基础上，组织参加《标准》编写和审定的专家及其他有关专家，编写了会展策划师国家职业资格培训系列教程。

会展策划师国家职业资格培训系列教程紧贴《标准》要求，内容上体现“以职业活动为导向、以职业能力为核心”的指导思想，突出职业资格培训特色；结构上针对会展策划师职业活动领域，按照职业功能模块分级别编写。

会展策划师国家职业资格培训系列教程共包括《会展策划师（基础知识）》《会展策划师（国家职业资格四级）》《会展策划师（国家职业资格三级）》《会展策划师（国家职业资格二级　一级）》4 本。《会展策划师（基础知识）》内容涵盖《标准》的“基本要求”，是各级别会展策划师均需掌握的基础知识；其他各级别教程的章对应于《标准》的“职业功能”，节对应于《标准》的“工作内容”，节中阐述的内容对应于《标准》的“能力要求”和“相关知识”。

本书是会展策划师国家职业资格培训系列教程中的一本，适用于对四级会展策划师的职业资格培训，是国家职业技能鉴定推荐辅导用书，也是四级会展策划师职业技能鉴定国家题库命题的直接依据。

中国就业培训技术指导中心

目　　录

CONTENTS　国家职业资格培训教程

第1章 调研

第1节 会展市场调研

学习单元1 会展市场调研基础

学习目标

- 了解会展市场调研的基本内容和种类
- 熟悉进行会展市场调研的流程和方法
- 掌握搜索引擎的使用方法与技巧
- 能够从网络、图书报刊中搜索行业资料

知识要求

会展市场调研是举办一个会展活动的第一步。会展市场调研要解决的基本问题，包括掌握与会展相关的基本市场信息和相关产业信息，为将来制订会展项目的各种执行方案、营销策略和竞争战略做准备；确定会展要包括的主题题材，并为将来调整会展主题留下余地；建立起会展的基本框架，并对该会展项目的有关发展前景作出初步预测。

1. 会展市场调研的内容

市场调研的领域十分广泛，每个企业、每个行业进行市场调研的目的不同，市场调研的具体内容和侧重点也不同。

（1）市场需求调研

市场需求调研是会展市场调研中较为重要的内容，它主要包括：消费者需求数量调研、消费者结构调研、消费者需求时间调研、消费者购买力调研、消费者支出结构调研、消费者行为调研以及消费者满意度调研等。进行市场需求调研的主要目的是更好地满足消费者需求，及时调整策划方案来适应不断变化的市场。

（2）市场环境调研

会展企业的经营策划活动是在复杂的社会环境中进行的。环境的变化，既可以带来市场机会，也可以形成某种威胁，因此对市场环境的调研，是会展企业有效开展经营策划活动的基本前提。它主要包括宏观环境调研、微观环境调研、市场机会与威胁调研、市场细分调研、市场现有规模和潜在规模调研、市场定位调研等。市场环境调研的目的主要是通过对总体市场需求和变化趋势的调研，使企业趋利避害，发现理想的目标市场，并成功地进行市场定位。

（3）市场营销实务调研

营销实务调研是围绕企业营销活动开展的，它涉及产品调研、价格调研、销售渠道调研、促销与广告调研几个方面的内容。

（4）市场竞争调研

市场竞争调研主要是侧重于本企业与竞争对手的对比研究，包括两个方面：第一，对竞争形势的一般性调研，如不同企业或企业群体的市场占有率、经营特征、竞争方式，行业的竞争结构及变化趋势等。第二，是针对某个竞争对手的调研，如企业与竞争对手在产品品种、质量、价格、销售渠道、促销方式、服务项目等方面态势的调研。市场竞争调研的目的主要是力争做到在竞争中知己知彼，更好地发挥自身企业的优势。

2. 会展市场调研的种类

会展市场调研的种类主要分为：展前会展项目的策划调研；展中对参展商和观众的调研；展后总结调研，详见表1—1。

表 1—1　　会展市场调研的种类

种类	说明
展前会展项目的策划调研	主要是调研会展主题行业的结构、趋势、企业分布、行业规模、竞争对手等，方便会展活动的可行性研究
展中对参展商和观众的调研	了解展商和观众对展览会的评价和他们的需求，为改善下一届会展活动策划奠定基础
展后总结调研	对会展项目工作进行总体性评价和总结，包括内部员工、外部环境、服务商等，为进一步明确下一届的运营、发展方向创造条件

3. 会展市场调研的流程

市场调研的重要环节主要在两个方面：信息收集、调研分析。信息收集是为调研分析提供数据；调研分析是对信息数据进行剖析并写出调研报告。企业战略目标、管理计划等管理方案就是根据调研报告来制订的，市场调研的流程如图 1—1 所示。

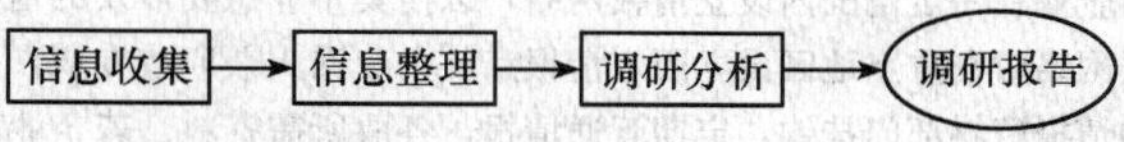

图 1—1　市场调研的流程

4. 会展市场调研的资料收集

行业资料对会展主办单位有着重大的意义，主办单位在获取大量的行业信息资料的前提下，通过研究，才能对项目的举办进行可行性分析。因此，科学、有效地进行行业资料的搜寻和选择，是会展调研人员必须掌握的技能。具体而言，通常采用以下途径：

(1) 网络搜寻

网络搜寻就是调研人员运用各种现代信息技术与互联网通信平台来搜索客户与行业信息资料的方法。它是信息时代的一种非常重要的寻找信息的方式。

近些年来，随着互联网技术的不断发展与完善，各种形式的电子商务和网络推销也开始盛行起来，调研人员可利用互联网搜寻行业信息资料与客户。互联网的普及使网上搜索变得十分方便，互联网的强大搜索引擎如 Google，Baidu，Yahoo，Sohu 等，可以搜寻到大量的行业信息、数据资料等。

搜索引擎就是帮助调研人员来方便地查询网上信息的，但是当输入关键词后，出现了成百上千个查询结果，其中真正合乎要求的信息可能并不多，这主要是没能很好掌握搜索引擎的使用技巧。每个搜索引擎的查询方法会略有不同，只有熟练地掌握它，才能运用自如。

(2) 文案搜索

文案搜寻的方法详见表1—2。

表1—2 文案搜寻的方法

文案搜寻的方法	说明
筛选文献资料	筛选文献资料是指从文献资料中筛选出与市场调研活动有关的资料，主要是根据调研的目的和要求有针对性地收集资料。文献资料包括图书、杂志、统计年鉴、会议文献、论文文献、科研报告、专利文献、档案文献、政府政策条例文献、内部资料、地方志等
剪辑报刊资料	市场情况的瞬息万变在各类报刊和新闻报道中有所体现，只要认真观察和分析，就可以收集到调研所需要的资料 通过对行业期刊、报纸、书籍以及相关部门的统计调研报告等刊登的行业资讯、动态、报告、访谈以及调研资料等，进行系统的归纳、收集整理，并进行相关分类
设立情报网络	企业在一定范围内设立情报网络，以搜集企业想要涉及的地区的资料。企业建立情报网络时在重点地区设立固定情报点，企业派人兼职或专职，一般与行业或部门有关的情报资料部门挂钩，定期互通情报，各取所需资料。若企业建立情报网络的成本大于收益，则可借助其他部门的情报网络，这通常是有偿的

5. 搜索引擎的使用方法与技巧

(1) 搜索引擎的使用方法

搜索引擎的使用方法，详见表1—3。

表1—3 搜寻引擎的使用方法

搜索的方法	说明
简单查询	在搜索引擎中输入关键词，然后点击“搜索”，系统很快会转到查询结果，这是最简单的查询方法。该方法使用方便，但是查询的结果却不一定准确，可能包含着许多无用的信息
使用双引号（“”）	给要查询的关键词加上双引号（半角，以下要加的其他符号同此），可以实现精确的查询，这种方法要求查询结果要精确匹配，不包括演变形式。例如在搜索引擎的文字框中输入“电传”，它就会转到网页中有“电传”这个关键字的网址，而不会转到诸如“电话传真”之类的网页
使用加号（＋）	在关键词的前面使用加号，也就等于限定搜索引擎该单词必须出现在搜索结果中的网页上，例如，在搜索引擎中输入“＋电话＋传真”就表示要查找的内容必须要同时包含“电话”“传真”这两个关键词

续表

<table>
<tr><th>搜索的方法</th><th colspan="2">说明</th></tr>
<tr><td>使用减号（一）</td><td colspan="2">在关键词的前面使用减号，也就意味着在查询结果中不能出现该关键词，例如，在搜索引擎中输入“汽车展一汽车行业协会”，它就表示最后有关“汽车展”的查询结果中一定不包含“汽车行业协会”</td></tr>
<tr><td>使用通配符（*和?）</td><td colspan="2">通配符包括星号（*）和问号（?），前者表示匹配的数量不受限制，后者表示匹配的字符数要受到限制，主要用在英文搜索引擎中。例如输入“computer *”，就可以找到“computer”“computers”“computerised”“computerized”等单词，而输入“comp?ter”，则只能找到“computer”“compater”“competer”等单词</td></tr>
<tr><td rowspan="5">使用布尔检索</td><td colspan="2">所谓布尔检索，是指通过标准的布尔逻辑关系来表达关键词与关键词之间逻辑关系的一种查询方法，这种查询方法允许输入多个关键词，各个关键词之间的关系可以用逻辑关系词来表示。在实际的使用过程中，可以将各种逻辑关系综合运用，灵活搭配，以便进行更加复杂的查询</td></tr>
<tr><td>and</td><td>“and”称为逻辑“与”，用 and 进行连接，表示它所连接的两个词必须同时出现在查询结果中，例如，输入“computer and book”，它要求查询结果中必须同时包含“computer”和“book”</td></tr>
<tr><td>or</td><td>“or”称为逻辑“或”，它表示所连接的两个关键词中任意一个出现在查询结果中就可以，例如，输入“computer or book”，就要求查询结果中可以只有“computer”，或只有“book”，或同时包含“computer”和“book”</td></tr>
<tr><td>not</td><td>“not”称为逻辑“非”，它表示所连接的两个关键词中应从第一个关键词概念中排除第二个关键词，例如输入“automobile not car”，就要求查询的结果中包含“automobile”，但同时不能包含“car”</td></tr>
<tr><td>near#</td><td>它表示两个关键词之间的词距不能超过#个单词。</td></tr>
<tr><td>使用括号</td><td colspan="2">当两个关键词用另外一种操作符连在一起，而你又想把它们列为一组时，就可以对这两个词加上圆括号</td></tr>
<tr><td>使用元词检索</td><td colspan="2">大多数搜索引擎都支持“元词”（metawords）功能，依据这类功能，用户把元词放在关键词的前面，这样就可以告诉搜索引擎你想要检索的内容具有哪些明确的特征。例如，在搜索引擎中输入“title：上海国际汽车工业展览会”，就可以查到网页标题中带有上海国际汽车工业展览会的网页。在键入的关键词后加上“domain：org”，就可以查到所有以 org 为后缀的网站。
其他元词还包括：image（用于检索图片），link（用于检索链接到某个选定网站的页面），url（用于检索地址中带有某个关键词的网页）等</td></tr>
</table>

（2）常见情况的搜索技巧

关键词的选择在搜索中起到决定性的作用，所有搜索技巧中，关键词选择是最基本也是最有效的。几种常见情况的搜索技巧见表 1—4。

表 1—4　　常见情况的搜索技巧

技巧	说明
基本查找	分析：如果只用“汽车”作关键词，搜索结果将浩如烟海，没什么价值，因此必须要加更多的关键词，约束搜索结果。选择什么关键词好呢？可以想到的是，类似的资料，应该包含诸如“汽车展”“起源”“分布”等词汇 搜索：汽车展　起源　分布
找人	分析：一个人在网上揭示的资料通常有：姓名、性别、年龄、工作单位、固定电话、邮箱，手机号码等。所以，如果要了解一个客户基本信息，那不妨用上述信息作关键字进行查询，也许会有大的收获
找软件	分析一：最简单的搜索是直接以软件名称以及版本号为关键字查询。但是，仅仅利用软件名称和目标网站，搜索到的可能是软件的相关新闻。应该再增加一个关键字，考虑到下载页面上常有“点击此处下载”或者“download”的提示语，因此，可以增加“下载”或者“download”为关键字 搜索：winzip 8.0　下载
	分析二：很多网站设有专门的下载目录，而且直接命名为“download”，因此，可以用 Inurl 语法直接搜索这些下载目录 搜索：winzip 8.0　inurl：download 共享软件下载完之后，使用的时候，软件总跳出警示框，或者软件的功能受到一定限制，所以应该再搜索一个注册码。搜索注册码，除了软件的名称和版本号外，还需要有诸如“serial number”“sn”“序列号”等关键字 搜索：winzip 8.0　sn
找图片	以 Google 为例，Google 提供的专门图片搜索功能，还可以组合使用一些搜索语法，达到图片搜索的目的 分析一：专门的图片集合，提供图片的网站通常会把图片放在某个专门目录下，如“photo”“image”等，这样就可以使用 Inurl 语法迅速找到这类目录，如搜索水稻的照片集 搜索：rice　inurl：photo
	分析二：提供图片集合的网页，在标题栏内通常会注明，这是某图片集合，于是就可以用 Intitle 语法找到这类网页。 搜索：intitle：rice picture

能力要求

利用网络搜寻法进行行业信息收集

如果要利用网络进行行业信息的收集，一般可采取以下步骤实施：

步骤 1　利用大型的搜索引擎

随着时代的进步，大型搜索引擎的使用已经非常普及，如用 Google，Baidu 等搜索引擎查询相关行业信息，搜索方式一般采用关键词搜索。

步骤 2 利用行业门户网

现今信息产业发达，每个行业几乎都有行业门户网站，可以用关键词搜索相关行业链接。

步骤 3 利用黄页网站

搜索目标行业的黄页网站，寻找自己需要的信息。

步骤 4 利用 B2B 网站

B2B 网站基本上都是收取会员费的，这几乎是不变的格局，因为 B2B 网站有大量的客户信息，加入会员就可以使用这些信息，从而带来业务。当然也有一些 B2B 网站会推出免费的网企联盟，通过在其他网站的推广，获得新的点击率，从中获利。作为一名会展从业人员，需要了解不同网站的利弊，选择使用，以最小的支出获取最大的信息回馈。

学习单元 2 开展会展市场调研

学习目标

- 了解市场调研的基本方法
- 掌握相关调研方法
- 能够进行会展市场调研问卷的设计
- 能够完成对展商、观众的访谈调研

知识要求

1. 问卷调研法

问卷是调研研究中用来收集资料的一种测量工具，它是由一组问题所构成的。问卷调研是由受过培训的调研员利用精心设计好的问卷收集资料而开展的一种调研研究方法。

(1) 问卷调研的特点

1）通俗易懂，实施方便。采用问卷形式进行调研，由于将调研的问题和可供选择的答案均提供给被访者，由其从中选择，因此，容易被被访者所接受。

2）适用范围广。问卷调研既适用于对社会政治经济现象进行问卷调研，也适用于对社会广大群众关心的问题进行问卷调研。

3）节省调研时间，提高调研效率。由于在调研问卷中已将调研目的、内容和问题及可供选择的答案均列出，因此，除特殊情况外，无需再详细说明，只需由被访者进行选择回答即可，从而节省了时间，加快了调研进度。

(2) 问卷调研的类型

1）访谈式问卷调研。访谈式问卷调研是由调研人员根据问卷中设计好的问题直接面对面（或电话）与被访者交谈而获取资料的调研方法。

2）自填式问卷调研。自填式问卷调研是将问卷邮寄或发给被访者，由被访者自行完成填写的一种调研方式。

(3) 市场调研问卷的设计要点

1）明确问卷设计的基本结构。问卷设计的基本结构见表 1—5。

表 1—5　　问卷设计的基本结构

结构组成	说明
标题	每个问卷都要有一个调查标题。标题应该一目了然，增强被访者的兴趣
说明部分	说明部分用于介绍调研机构概况、调研目的和意义，同时解释如何填写问卷（也称指导语）等，目的是取得被访者的信任和理解，并引发其参与调研的兴趣
主体	问题和备选答案是问卷的主体
编码号	对规模较大且要运用计算机进行统计分析的调查，需要在问卷上加上编码号
致谢语	应在问卷的适当位置加上表示感谢的语句，或者在最后写上“感谢您的真诚合作”等字样。如果有礼品赠送，要写上其领取方式和内容

2）确定设计问卷的基本步骤。设计问卷的基本步骤如图 1—2 所示。

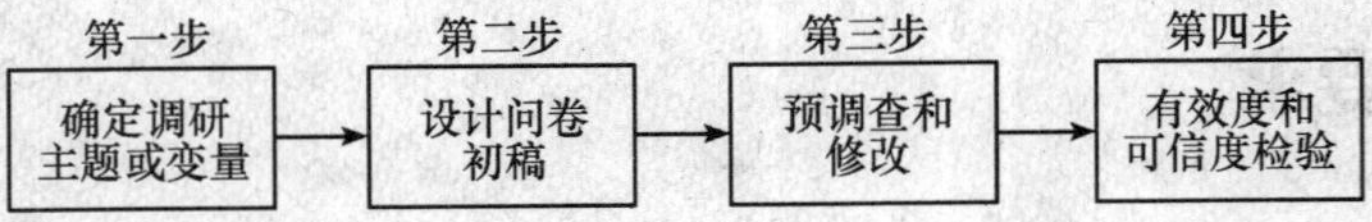

图 1—2　设计问卷的基本步骤

3）问卷设计的注意问题。问卷的设计是一项专业性、技术性及经验性很强的工作。

①问卷设计应避免双重装填，即避免在一个问题中混杂着两个甚至更多个变量，因为它会导致应答者难以作出准确回答。

②避免用词不当，即尽量不使用含糊不清的词，同时避免使用专业术语、俗语

和缩写词等。

③避免诱导性提问。

④避免抽象性提问。

⑤对于敏感问题，如涉及政策、社会规范、伦理、个人隐私等问题，应充分强调保密性问题，并用假定法来提问以提高问卷应答率。

（4）调研问卷的发放和回收

为保证问卷的质量，在问卷发放和回收时，需要掌握好问卷完成时间和发放问卷数量的尺度，既要保证正常的进度，又要防止因要求过高、工作量过大而影响问卷质量。

1）时间控制。在安排问卷发放和回收时，要有明确的时间要求，即需在哪个时间段应完成问卷以及具体的发卷、交卷时间。如果项目有样本在时间分配上的要求，也要向调研人员明确说明。另外，督导安排问卷发放、回收的时间应固定在某一时间段，这样有利于培养调研人员准时交卷的习惯，同时也不会影响督导的其他工作安排。对于时间短、任务急的项目，可以安排每天进行问卷发放、回收，这样有利于督导及时掌握进度和配额。

2）数量控制。数量控制需兼顾两方面要求，一是调研人员实际能力及其在有效工作时间内能否完成发放的数量，超负荷要求极易导致作弊；二是每一调研人员的完成量应尽量平均，减少因某个调研人员访问数量太多而影响到数据的客观性。

对一个调研员而言，问卷发放的数量控制基本应遵循“少、多、少”的比例，即调研初期应分配较少的问卷；中期可分配较多的问卷；后期由于涉及一些查漏补缺的工作，应相应减少问卷。

（5）调研问卷的数据处理

1）对调研问卷进行检查，收回的问卷是否符合一定的质量标准。

2）根据需求确定复杂度，进行数据处理。数据处理是调研中一个弹性非常强的环节，简单与复杂的数据处理无论在难度、工作量和成本等方面，都相差甚远。简单的数据处理，只是针对问卷结果计算各项目的百分比，以及少数的一些交叉表格——统计上称为列联表。对于大多数描述性的市场调研来说，这样的分析已经够用，甚至相当一部分调研的最终目的，可能只是获得一两个百分比即可，例如对于品牌知名度的调研，只要获得了各品牌在消费者心目中认知、美誉、偏好、选择等几个重要的百分比，此调研即可认为是成功的。

复杂的数据处理涉及对数据的检验、推断、建模等一系列行为，几乎涉及统计学的所有分支学科。不过，大多数复杂的处理对于企业的常规市场调研活动来说，显得有些多余，毕竟数据处理是一项成本极高的工作，要从数据中构造出一个经得起推敲的模型，可能需要多达数万元的人工投入。

3）采用一些常用的计算机技术进行数据处理，如 SPSS 或者 Excel 等相关软件。

2. 访谈调研法

访谈调研又称询问调研，是指调研人员采用访谈询问的方式向被访者了解情况的一种方法。它是调研中最常用、最基本的调研方法，也是一种特殊的现代化公共关系。

（1）访谈调研的种类（见表 1—6）

表 1—6　　访谈调研的种类

种类		说明
以调研对象数量划分	个别访谈调研	个别访谈调研是指调研人员对每一个被访者逐一进行的单独访谈。调研人员和被访者直接接触，可以有更多的交流机会，得到真实可靠的材料。被访者更易受到重视，安全感更强，访谈内容更易深入
	集体访谈调研	集体访谈调研是指由一名或数名调研人员亲自召集一些调研对象就调研人员需要调研的内容征求意见的调研方式。集体访谈是可以集思广益、互相启发、互相探讨，而且能在较短的时间里收集到较广泛和全面的信息。但是集体访谈匿名性较差，涉及个人的私密性的内容不易采用这种访谈方式
以人员接触情况划分	面对面访谈调研	面对面访谈调研也称直接访谈调研，它是指访谈双方进行面对面的直接沟通来获取信息资料的访谈方式。它是访谈调研中一种最常用的收集资料的方法。在这种调研中，调研人员可以看到被访者的表情、神态和动作，有助于了解更深层次的问题
	电话访谈调研	电话访谈调研也称间接访谈调研，电话访谈可以减少人员来往的时间和费用，提高访谈的效率。但是，电话访谈调研不如面对面的访谈调研那样灵活、有弹性；不易获得更详尽的细节；难以控制访问环境；不能观察被访者的非言语行为等
	网上访谈调研	网上访谈调研是调研人员与被访者用文字而非口头语言进行交流的调研方式。网上访谈不仅拥有人力和时间的优势，而且价格也更为便宜。另外，网上访谈是用书面语言进行的，这便于资料的收集和日后的分析。但是由于网上访谈对被访者是否熟悉计算机操作以及是否有计算机配备、通信和宽带等物质条件，这在一定程度上也限制了调研的对象

（2）访谈调研的特点

访谈调研的优势详见表 1—7，局限详见表 1—8。

表 1—7 访谈调研的优势

优势	说明
灵活	访谈调研是调研人员与被访者双方交流、双向沟通的过程。这种方式具有较大的弹性，调研人员在事先设计调研问题时，是根据一般情况和主观想法制订的，有些情况不一定考虑十分周全。在访谈中，可以根据被访者的反映，对调研问题做调整或展开。如果被访者不理解问题，可以提出询问，要求解释；如果调研人员发现被访者误解问题也可以适时地解说或引导
准确	访谈调研是调研人员与被访者直接进行交流，可以通过调研人员的努力，使被访者消除顾虑、放松心情，经过周密思考后再回答问题，这样就提高了调研材料的真实性和可靠性
深入	调研人员与被访者直接交往或通过电话、上网间接交往，具有适当解说、引导和追问的机会，因此可探讨较为复杂的问题，可获取新的、深层次的信息

表 1—8 访谈调研的局限

局限	说明
缺乏隐秘性	由于多数访谈调研要求被访者当面作答，这会使被访者感觉到缺乏隐秘性而产生顾虑，尤其对一些敏感的问题，往往会使被访者回避或不作真实的回答
受调研人员影响大	由于访谈调研是调研人员单独的调研方式，不同的调研人员的个人特征，可能引起被访者的心理反应，从而影响回答内容。而且访谈双方往往是陌生人，也容易使被访者产生不信任感，以致影响访谈结果。另外，调研人员的价值观、态度、谈话的水平都会影响被访者，造成访谈调研结果的偏差
记录困难	多数访谈调研是访谈双方进行的语言交流，如果被访者不同意用现场录音，对调研人员的笔录速度的要求就很高，而一般没有进行专门速记训练的调研人员，往往无法很完整地将谈话内容记录下来，追记和补记往往会遗漏很多信息
处理结果难	访谈调研有灵活的一面，但同时也增加了这种调研过程的随意性。不同的被访者回答是多种多样的，没有统一的答案，这样，对调研结果的处理和分析就比较复杂，由于标准化程度低，就难以进行定量分析

3. 文案调研法

文案调研法，又称间接调研法，它是利用企业内部和外部现有的各种信息、情报，对调研内容进行分析研究的一种调研方法。

(1) 文案调研的特点与功能（见表 1—9）

(2) 文案调研资料的储存与管理要点

在文案调研资料中，许多资料是可供长期使用的，对这部分资料就需要加以合理的储存与保管。文案调研料储存和管理方式主要有两种：一是经济档案式的储存和管理方式；二是采用计算机进行储存和管理。

1）储存方法。应先根据实际情况编好基本资料目录，按因地制宜、先易后难、

表 1—9　　文案调研的特点与功能

文案调研	说明
特点	文案调研收集的是已经加工过的次级资料
	文案调研以收集文献性信息为主，具体表现为各种文献资料
	文案调研所收集的资料包括动态和静态两个方面，尤其偏重于动态角度
功能	文案调研可以发现问题并为市场研究提供重要参考依据
	文案调研可为直接调研创造条件
	文案调研可用于有关部门和企业进行经常性的市场调研
	文案调研不受时空限制

逐步完善的原则有计划、有重点地收集积累资料，使市场资料的收集和储存做到经常化、制度化。

2）储存工具。应根据资料性质和企业现有条件选择储存工具，对资料加以妥善保管，一般所用的工具有：资料袋、文件夹、录音机、录像机、计算机等。

3）储存地点。储存地点应根据资料的珍贵程度加以选择，通常需要有防火、防毁、防盗等措施，以保证资料的安全。

4）储存时间。要注意资料的时效性，要定期检查分析，对过时资料要果断销毁，以提高储存资料的质量。

4. 观察调研法

观察法是指通过直接观察取得第一手资料的调研方法。市场调研人员直接到商店、订货会、展览会、消费者比较集中的场所，借助于照相机、录音机或直接用笔录的方式，认真细致地进行实地观察记录，从而获得重要的市场信息资料。观察法的优点是可以客观地收集资料，可以集中地了解问题；不足之处在于许多问题观察不到，如被访者的兴趣、偏好、心理感受、参展（观展）动机、态度、看法等。

能力要求

能够完成对会展现场展商、观众的访谈调研

步骤 1　处理会展现场采集的观众信息数据

（1）通过会展现场收集的观众名片和统计卡将观众信息录入数据库，完善个人信息。

（2）对信息进行地区归类，确定观众的来向（城市、省份和大区等）。

(3) 进行部门和职位的归类，结合观众登记卡和名片，确定观众所在的行业、部门和职位，通过归类分析，更准确定位观众的决策层面等诸多因素。

(4) 对残缺、明显无用的观众信息进行筛选，提高信息的准确率和有效性。

(5) 对多张登记卡上基本信息相同的观众进行辨认，加以合并，提高信息的质量。

步骤 2　对调研问卷内容的录入和分析

通过与观众信息的结合，对调研问卷的内容进行图表统计及意见的提取，以了解观众的需要，对本届会展的效果作出更准确的判断，同时也为下一届会展的更准确定位做更周到的宣传与策划。

步骤 3　会展信息数据的统计分析报告

通过数据库分析，为主办单位提供观众基本信息、需求信息、行为信息等。通过调研问卷可进行分析数据的多种分析报告，通过饼状图、柱状图、曲线图等比例图表加以数据分析。

(1) 提供展览会各会场和研讨会的观众到达情况，如每日观众流量图表、每日不同时段的观众流量图表、观众资料收集分析图表等，这些图表可以帮助主办方有效分析本届展会效果，对未来会展的更出色举办实施有效策略。

(2) 提供基于观众所属行业、职位、部门分析图表、国内国外观众来源区域分析图表、观众获取会展信息的途径图表等多项分析报告。

(3) 通过对观众填写的调研表进行统计和分析，对组委会关心的每个调研问题以多种图表方式呈现，加以自身分析经验对相关图表加以专业分析。

步骤 4　展后信息管理

(1) 会展结束后向主办方提供完整的买家信息数据库，同时主办方可通过登录网站查询本次展会的详细资料，借助密码等相应保护，网站对会展信息可以做到保密级限制。同时主办方可以通过会员账户进行观众信息下载，为主办方提供用户群打印、群发邮件等服务功能。

(2) 主办方随时可以通过用户登录的方式进入网站展会信息管理的界面，查阅会展详情，这也确保了信息资源的安全完整。

步骤 5　展后回访

详细专业的系统服务为主办方提供如：对专业观众回访，方式包括信函邮寄、E-mail、传真等服务，内容可以包括会后满意度调研、下届参观意向等主办单位展后注重的问题，同时借助于展后回访，对观众登记的各种联系方式加以确认，进一步提高信息质量。

进行会展市场调研问卷设计

问卷调研的目的是为了更好地收集市场信息，因此在问卷设计过程中，首先要把握调研的目的和要求，同时力求使问卷取得被访者的充分合作，保证提供准确有效的信息。

问卷调研是由一系列相关的工作过程所构成的。为使调研具有科学性、规范性和可行性，一般可以参照以下程序进行：

步骤 1　确定调研目的

会展市场的调研目的各有不同，会展调研的前期注重于对客户需求的信息收集，会展现场的调研注重于参展商与观众的反映，展后的调研注重于客户的建议和对本次会展的评价。

步骤 2　确定信息收集方法

信息资料的来源有很多种，调研人员要根据需要和实际情况来确定适宜的调研方法。

获得信息可以有多种方法，每一种方法对问卷设计都有影响。在街上进行拦截访问比入户访问有更多的限制，如时间上的限制；自我管理访问则要求问卷设计得非常清楚，而且相对较短，因为调研人员不在场，没有详细解释问题的机会；电话调研经常需要丰富的词汇来描述一种概念以肯定被访者理解了正在讨论的问题。相比而言，在个人面对面访谈中调研人员可以向被访者出示图片或进行口头讲解以解释或证明概念。

步骤 3　确定问题回答形式

（1）开放式问题

开放式问题是一种被访者可以自由地用自己的语言来回答和解释有关想法的问题类型。也就是说，调研人员没有对被访者的选择进行任何限制。由于采取这种方式提问会得到各种不同的答案，不利于资料统计分析，因此在调查问卷中不宜过多。

（2）封闭式问题

封闭式问题是一种需要被访者从一系列应答项中作出选择的问题。

步骤 4　决定问题的措辞

（1）用词必须清楚。

（2）避免诱导性的用语。

（3）考虑应答者回答问题的能力。

（4）考虑应答者回答问题的意愿。

步骤 5 确定问卷的流程和编排

问卷不能任意编排，问卷每一部分的位置安排都具有一定的逻辑性。有经验的会展策划师很清楚问卷制作是获得访谈双方联系的关键。联系越紧密，调研者越可能得到完整彻底的访谈。

步骤 6 评价问卷和编排

一旦问卷草稿设计好后，问卷设计人员应再回过来做一些批评性评估。如果每一个问题都是深思熟虑的结果，这一阶段似乎是多余的。但是，考虑到问卷所起的关键作用，这一步还是必不可少的。在问卷评估过程中，有一些原则应当考虑，如问题是否必要；问卷是否太长；问卷是否回答了调研目标所需的信息；邮寄及自填问卷的外观设计；开放试题是否留足空间；问卷说明是否使用了明显字体等。

步骤 7 获得各方面的认可

问卷的草稿完成后，草稿的复印件应当分发到直接有权管理这一项目的各部门。会展策划师在设计过程中可能会多次加进新的信息、要求或关注，不管管理部门提出怎样的新要求，经常的修改是必需的。

得到各方面认可的调研问卷可以在调研过程中收集到更多有利、有用的消息。

步骤 8 预先测试和修订

当问卷已经获得管理层的最终认可后，还必须进行预先测试。通过预先测试寻找问卷中存在的错误解释、不连贯的地方、不适宜的选择项等。为封闭式问题寻找额外的选项，预估应答者的一般反应。预先测试也应当以最终访问的相同形式进行。

在预先测试完成后，任何需要改变的地方应当切实修改。在进行实地调研前应当再一次获得各方的认同，如果预先测试导致问卷产生较大的改动，应进行第二次测试。

步骤 9 准备最后的问卷

精确的打印指导、空间、数字、预先编码必须安排好，监督并校对，问卷也可以根据需要进行特殊的折叠和装订。

步骤 10 实施

问卷确定后，为从市场获得所需决策信息提供了基础。问卷可以根据不同的数据收集方法并配合一系列的形式和过程以确保数据可正确地、高效地、并且以合理的费用收集。这些过程包括管理者说明、访问员说明、过滤性问题、记录纸和可视辅助材料。

附：会展市场调研问卷范例 1

××展览会观众调研表

1. 您参观过几届展览会？

□1～2 届　□3～4 届　□5～6 届　□7～8 届　□很多，记不清楚

2. 本届展览会期间，您参观了几天？

□1 天　□2 天　□3 天　□4 天　□每天

3. 如果您参观超过一天，平均每天参观几小时？

□1 h　□2 h　□4 h　□6 h　□全天

4. 您参观了哪些展区？

□全部　□A 馆　□B 馆　□C 馆　□D 馆

5. 您来展馆的路程有多远（km）？

□0～10　□10～30　□30～70　□70～100　□100 以上

（或者使用地区统计，比如□A 地区　□B 地区　□C 地区　□D 地区　□E 地区）

6. 您从何途径知道本展览？

□直接发函　□报刊广告　□新闻报道　□内部刊物　□别人告之

7. 展台吸引您注意的原因是？

□展台设计　□产品　□展台人员　□资料　□其他

8. 您有兴趣购买的产品是哪些/兴趣范围？

____

9. 您在公司购买的过程中的作用是？

□决定　□参与　□建议　□不参与

10. 您有参观过其他同类展览会吗？

请列名________________________

11. 本展览会下一届将在×年×地举办，您是否将参观？

□是　□否　□未确定

12. 您对展台设计有何意见、建议？________________________

13. 您对展台人员表现有何意见、建议？____________________

14. 您对展台布置有何意见、建议？________________________

15. 公司经营性质

□制造　□进出　□批发　□零售　□经销

16. 公司经营范围____________________
17. 公司成立时间____________________
18. 公司雇员人数（人）

□1～9　□10～49　□50～99　□100～499　□500～999

□1 000 以上

19. 参观目的

□收集信息　□寻找代理　□寻找新货源　□订货

20. 经常阅读的专业报刊是

□报纸 A　□报纸 B　□报纸 C

□期刊 A　□期刊 B　□期刊 C

填写日期__________

签　　字__________

会展市场调研问卷范例 2

××展览会参展商调研表

1. 展览会名称____________________
2. 参展商名称____________________
3. 展台代表____________________
4. 展出目的

□出口　□进口　□寻找代理　□招商　□投资　□合作

□市场调研　□其他____________

5. 展出效果

出口	□达到	□部分达到	□未达到
进口	□达到	□部分达到	□未达到
寻找代理	□达到	□部分达到	□未达到
招商	□达到	□部分达到	□未达到
投资	□达到	□部分达到	□未达到
合作	□达到	□部分达到	□未达到
市场调研	□达到	□部分达到	□未达到
其他	□达到	□部分达到	□未达到

6. 接待客户数

其中：新客户数__________老客户数__________

7. 参观展台的客户质量

□超过预计水平　　□达到预计水平　　□未达到预计水平

8. 参观展台的客户数量

□超过预计水平　　□达到预计水平　　□未达到预计水平

9. 展出期间实际成交　　□无　　□有__________（额）

10. 后续（展览会闭幕 6 个月内）成交估计额__________

11. 其他收获

确定代理数____________合作项目数____________内容____________

12. 对于进入展出地市场有何感想

□产品非常有市场　　□产品有一定市场

□产品市场有限　　□产品没有市场

因为____

13. 对主办方组织管理工作的评价

总体工作　　□非常好　　□好　　□一般　　□不好

提供帮助　　□非常好　　□好　　□一般　　□不好

提供的信息　　□非常好　　□好　　□一般　　□不好

现场管理　　□非常好　　□好　　□一般　　□不好

展出效果　　□非常好　　□好　　□一般　　□不好

意见和建议____

14. 贵公司认为此次哪些展会哪些组织工作做得好，应当保持？

____

15. 贵公司认为此次哪些展会哪些组织工作做得不够，应当改进？

____

16. 根据此次展出效果，贵公司是否准备继续开发本市场？

□是　　□否

17. 如果继续开发本市场，贵公司可能采取何种方式？

□参加本展览会　　□参加另外的展览会　　□派遣贸易团组

□委托当地代理　　□其他

18. 展出者的情况

雇员人数：□10 人以下　　□10～50 人　　□50～100 人　　□101～200 人

□200 人以上

是否曾参加本展览：□是　　□否

是否愿意继续参加本展览：□是 □否

如果否，原因是：

□管理规定太严 □有能力独立展出 □市场不合适 □产品不够合适

□展览会不合适 □预算不够 □其他________

填写日期________

签　　字________

第 2 节 分析处理会展市场调研资料

学习目标

- 了解文书与档案管理的基础知识
- 了解调研数据统计的相关概念
- 掌握会展市场调研数据整理的程序
- 掌握 Excel 在会展调研资料分析中的应用
- 能够将观众资料输入到相关数据库

知识要求

1. 文书与档案管理

文书档案管理是档案管理工作的重要组成部分，是会展企业档案工作的主要内容之一。

(1) 文件材料的收集工作

文件材料的收集工作是文书档案管理工作的前提和基础。文件材料的收集是指立档单位各部门及各单位按照档案管理的要求，在日常工作中有目的地收集积累文件材料的活动。收集工作的要求如下：

1) 文件材料应当齐全完整，并符合长久保管的质量要求。保证归档文件齐全完整是收集工作的基本要求，就一个会展企业而言，文件材料的齐全完整是指归档文件材料能够全面、真实地反映本单位的面貌。具体地说，归档文件材料在种类、份数以及每份文件的页数等方面都应保持完整。

2）归档文件材料应当精练准确，并能反映立档企业的主要职能。在日常工作中会形成和使用大量文件材料，工作人员对收集到的文件材料必须按照鉴定原则和档案保管期限表的规定，同时结合本企业实际，审慎地进行鉴定，准确地确定文件的存毁，使反映本企业重要事件、重大活动和基本历史面貌的文件材料都能够归档。

（2）收集工作应注意的问题

1）文件材料的收集范围和立卷归档范围一般来说是一致的，但收集时宁可多收，不可少收，以免遗漏有保存价值的文件材料，因为立卷时还要进行一次全面的鉴定和调整，到时再把多余的和没有保存价值的文件材料剔除出去。

2）一般文件只收集正本和定稿（即领导的签发稿），其他各次草稿不必收，但特别重要的文件例外。

3）用铅笔或圆珠笔抄写、复写字迹模糊不清的文件定稿和特别重要的文件的历次草稿，应退回重新抄写或打印后再收。

4）签发手续不全和张页残缺的文件材料应补齐后再收。

5）正文和附件要同时收。

6）文件处理单要和文件一起收。

调研资料整理的内容就是根据调研目的，运用科学的方法，对调研资料进行审核、分类或分组、汇总，使之系统化和条理化，并以集中、简明的方式反映被调研对象总体情况的工作过程。

2. 会展市场调研资料的整理

（1）会展市场调研资料的审核

审核，就是仔细推究和详尽考察文字资料是否真实可靠和合乎要求，它主要解决文字资料的真实性、可靠性、合格性问题。

1）文字资料本身的真实性审核。文字资料本身的真实性审核，是指通过细究和考察以判明调研所得的文献资料、观察和访问记录等文字资料本身的真伪。文献资料本身的真实性审核，一般采用两种方法：外观审核，即从作者、编者、出版者、版本、印刷技术、纸张等外在情况来判断文献的真伪；内含审核，即从文献的内容，写作的词汇、概念、技巧和风格等内在情况来判断文献的真伪。观察、访问记录等文字资料的真实性审核则可从记录的内容、记录的时间、记录的语言、记录的字迹和所使用的墨水等方面来判断其真伪。一般来说，内容贫乏、时间重叠或不填时间、语言雷同、字迹和墨水相似的记录，就很可能是观察员或调研人员伪造的记录。

2）文字资料内容的可靠性审核。文字资料内容的可靠性审核，是指通过细究和考察以判明文字资料的内容是否真实地反映了调研对象的客观情况。这种审核一般可采用三种方法：

①经验判断。根据以往的实践经验来判断资料的可靠性，如果发现资料中有明显违反实践经验的东西，应重新进行调研或核实。

②逻辑判断。根据资料的内在逻辑来检验资料的可靠性，如果发现资料的内容前后矛盾，或者违背事物发展的逻辑，应剔除那些不符合事实的资料，或进行补充调研。

③来源判断。根据资料的来源来判断资料的可靠性，一般来说，当事人反映的情况比局外人反映的情况可靠性大一些，多数人反映的情况比少数人反映的情况可靠性大一些，有文字记录的情况比在人群中口耳相传的情况可靠性大一些，多种来源反映的情况比单一来源反映的情况可靠性大一些，引用率高的文献比引用率低的文献可靠性大一些等。

3）文字资料的合格性审核。文字资料的合格性审核主要是审核文字资料是否符合原设计要求。如果对调研指标理解错误、计算公式不正确、计量单位不统一，或者回答不完整、不符合要求，甚至答非所问等，都应列为不合格的调研资料。

对不真实、不可靠、不合格的调研资料，一般应进行补充调研，使之成为真实的、可靠的、合格的调研资料；在无法进行补充调研时，就应坚决剔除，弃之不用，以免影响整个调研资料的真实性和科学性。

（2）会展市场调研资料的分类

文字资料的分类，就是根据文字资料的性质、内容或特征，将不同的资料区别开来，将相同或相近的资料合为一类的过程。

1）分类的标准。分类是否正确，取决于分类标准是否科学。分类标准的确定，必须以科学理论为指导，以客观事实为依据。例如，研究一个国家或一个地区农业人口的比重，就不应以户口所在地（乡村或城镇）为主要根据，而应以劳动者从事的主要行业为标准；研究企业生产经营的好坏，就不应以产值的增长速度为依据，而应以企业的经济效益、社会效益和生态效益为标准等。

2）分类的方法。文字资料的分类有两种方法，即前分类和后分类。前分类就是在设计调研提纲、调研表格或调研问卷时，按照事物或现象的类别设计调研指标，然后再按分类指标收集资料、整理资料。这样，分类工作在调研前就安排好了。如有结构观察的卡片、标准化访问的记录、问卷中的封闭式回答等大都采取前分类的方法。后分类是指在调研资料收集起来之后，再根据资料的性质、内容或特征，将它们分别集合成类。如文献调研的资料、无结构观察和非标准化访问的记录、问卷调研中的开放型回答等，一般都无法事先作出明确的分类，只有在收集资料之后再去做分类工作。

无论是前分类还是后分类，都必须掌握两条基本原则，即互斥性原则和完备性原则。所谓互斥性原则，就是同一条资料只能归于一类，而不能既属于这一类别，又属于那一类别，以至在不同的类别中重复出现。所谓完备性原则，就是每一条资料都要有所归属，分类的结果必须把全部资料包括进去，没有遗漏。分类的结果如果违背了这两条原则，就不能算是科学的分类。

(3) 资料的汇编

汇编，就是按照调研的目的和要求，对分类后的资料进行汇总和编辑，使之成为能反映调研对象总体客观情况的系统、完整、集中、简明的材料。

对分类资料进行汇编，首先，应根据调研的目的、要求和调研对象的客观情况，确定合理的逻辑结构，使汇编后的资料既能反映调研对象总体的真实情况，又能说明调研所要说明的问题；其次，要对分类资料进行初步加工，例如，给各种资料加上标题，重要的部分标上各种符号，对各种资料按照一定的逻辑结构编上序号等。如有必要，还可对资料的价值和作用等作些简短述评，以供进一步研究参考。

汇编资料的基本要求是：首先，要完整和系统，所有可用的资料都要汇编到一起，大类小类要井井有条、层次分明，能系统完整地反映调研对象总体的全貌。其次，要简明和集中，要用尽可能简短、明了的文字，集中地说明调研对象总体的客观情况，并注明资料的来源和出处。

(4) 数据的编码

编码是指用代码来表示各组数据资料，使其成为可进行计算机处理和分析的信息。编码有以下要求：留足空位、代码要系统化、编码要标准化、尽可能性使用真实数字作代码、编码内容要一致、注意兼容性和通用性。

(5) 数据的录入

不同规模的原始资料，所使用的输入工具也不相同。有手工统计，也可以用计算机进行统计。将原始数据输入计算机，目前使用最多的是键盘输入，由于数量浩大，一般有数据输入一人，校对一人。目前，在国外有一种用光学扫描系统直接阅读原始数据的数据输入方法，比人工键盘输入大大提高了效率，也降低了人工输入的错误发生率。但是由于使用这一设备的费用较高，需要高度规范化的问卷，及适合于光学扫描的特殊纸张等，这一技术在国内还尚未普及。

3. 会展市场调研数据的分析

数据的处理可以采用直接人工处理、委托专业机构处理、利用现有计算机软件等（如数据库管理软件、制表类软件、统计分析类软件）来分析处理。

（1）统计学基本知识

1）统计与统计学基本含义。统计是一种对客观现象总体数量方面进行数据的收集、整理、分析的研究活动。研究如何对统计资料进行收集、整理和分析的理论与方法的科学，称为统计学。

2）统计的职能和作用

①信息职能。信息职能是指系统地收集、整理、储存和提供大量的以数量描述为基本特征的社会经济信息资源。

②咨询职能。咨询职能是利用已掌握的丰富的信息资源，运用科学方法进行综合分析，为科学决策和管理提供咨询建议。

③监督职能。监督职能是利用统计信息，对会展市场的运行状态进行定量检查、监测和预警，揭示会展市场运行中出现的偏差，提出矫正意见，预警可能出现的问题，提出对策，以促使会展市场持续、健康地发展。

（2）统计学中的基本术语

1）总体与个体。在一个统计问题中，我们把所研究对象的全体称为一个总体；总体中的每个元素（即每一个研究对象）称为个体。若总体中包含有限个个体，则称这个总体为有限总体，否则称为无限总体。总体中所包含的个体总数称为总体容量。

2）样本与样本容量。样本容量是对于研究的总体而言的，是总体的一些抽样。例如，参加某次会展的展品价格为一个总体，展品价格就是样本。随机取一百个展品价格，这一百个展品价格就是总体的样本，样本的数量就是样本容量。在假设检验里，样本容量越大越好，但实际上不可能无穷大，就像研究展品价格不可能把所有价格都进行统计分析。

3）随机抽样。一般来说，恰当的方法是按一定的规则从总体中抽取若干个个体进行测试，为了使测试到的数据能很好地反映总体的情况，应该要求总体中每一个个体被抽到的可能性是均等的，并且在抽取一个个体后总体的成分不改变。这种抽取个体的方法称为简单随机抽样，被抽出的部分个体，叫做总体的一个样本。

(3) 抽样

1）样本选择。选择样本应注意：一是样本要有代表性；二是样本要有可操作性；三是样本的选择方法要科学。一个优秀的抽样设计应满足目标定向、可测性、可行性和经济性等方面的标准。

2）抽样设计的原则。抽样设计的原则主要有最佳效果原则（费用与精度相平衡的原则）、问卷甄别与数据处理相呼应的原则、用户认可的原则。

3）随机抽样调研的特点。抽样推断是建立在随机取样的基础上；抽样推断是由部分推算总体的一种方法；抽样推断以概率论中的大数法则和中心极限定理为理论依据；抽样推断可以事先计算和控制抽样误差。

4）样本量的确定。样本量的确定主要从这几个方面进行：估计值要求的精度；提供的经费能支持多大的样本；调研的时间要求；需要和能招聘到多少调研人员等。同时按上述依据确定的抽样单位数，还要结合调研人力、物力和财力的许可情况加以适当调整，然后作出最后的决定。

5）抽样的方法（见表 1—10）。

表 1—10　抽样的方法

方法	说明
简单随机抽样	设总体中有 N 个单元，不加条件从中随机抽取 n 个单元为样本，每个单元都有同样的概率被抽中的抽样方法
分层抽样	在抽样之前将总体分为同质的、互不重叠的若干子总体，也称为层。然后在每一个层独立地随机抽取样本
与单元大小成比例的概率抽样	根据单元的大小不同，入样概率不同的一种不等概率抽样。如农场的大小不同，其抽选概率可以根据面积大小成比例，也可以按人数多少成比例
整群抽样	由若干个有联系的基本单元组成的集合称为群，抽样时以群为抽样单元的抽样方法就称为整群抽样
多阶抽样	它是由两个或更多个连续的阶段抽取样本的方法
系统抽样	系统抽样又称等距抽样，对研究的总体按一定的顺序排列，每隔一定的间隔抽取一个单元的抽样方法

4. Excel 基础应用

(1) Excel 工作界面简介

如图 1—3 所示的 Excel 工作界面包含如下几项内容：标题栏、菜单栏、工具栏、编辑栏、工作表、工作表标签、滚动条和状态栏。下面分别介绍它们的作用。

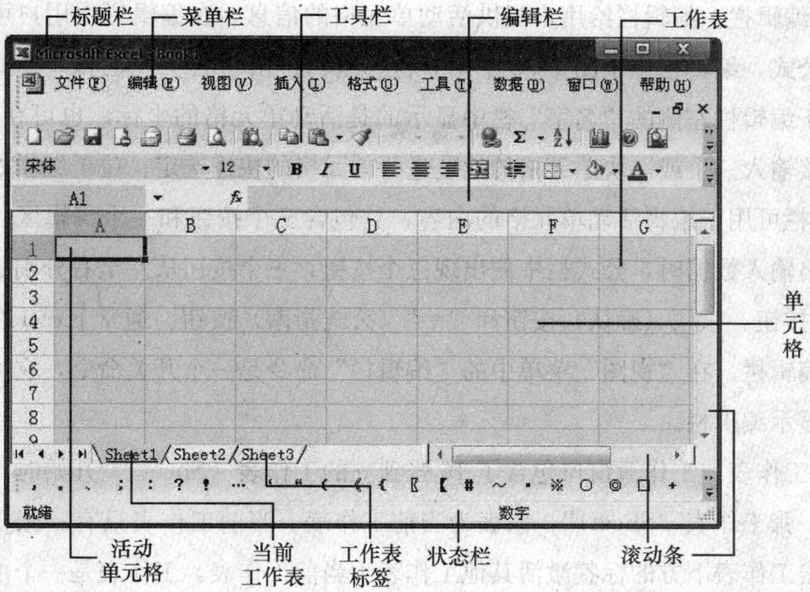

图 1—3　Excel 工作界面图

1）标题栏。标题栏告诉用户正在运行的程序名称和正在打开的文件的名称。如图 1—3 所示，标题栏显示“Microsoft Excel—Book1”表示此窗口的应用程序为 Microsoft Excel，在 Excel 中打开的当前文件的文件名为 Book1。

2）菜单栏。菜单栏按功能把 Excel 命令分成不同的菜单组，它们分别是“文件”“编辑”“视图”“插入”“格式”“工具”“表格”“帮助”。当菜单项被选中时，引出一个下拉式菜单，可以从中选取相应的子菜单。

另外，在屏幕的不同地方单击鼠标右键时，“快捷菜单”将出现在鼠标指针处。选取“快捷菜单”中的命令同从菜单栏的菜单上选取相应命令的效果是一样的，但选取速度明显增快。

3）工具栏。Excel 可显示几种工具栏，这些工具可控制简化用户的操作。工具栏中的按钮都是菜单中常用命令的副本，当鼠标指向某一按钮后，稍等片刻在按钮右下方会显示该按钮命令的含意。用户可以配置工具栏的内容，通过“视图”菜单中的“工具”栏子菜单来选择显示不同类型的“工具”或全部显示出来。下面介绍出现在 Excel 开始屏幕中的两种工具栏。

①“常用”工具栏。“常用”工具栏中为用户准备了访问 Excel 最常用命令的快捷按钮，如“新建文件”按钮、“打开文件”按钮、“保存文件”按钮等。

②“格式”工具栏。“格式”工具栏专门配置那些和文本外观有关的命令，如字体、字号、对齐方式及其他选项。

4）编辑栏。编辑栏给用户提供活动单元格的信息。在编辑栏中用户可以输入和编辑公式，编辑栏位于图1—3中第5行。编辑栏由“名字”栏和“公式”栏组成。位于编辑栏左侧的“名字”栏中显示的是活动单元格的坐标，也可在“名字”栏中直接输入一个或一块单元格的地址进行单元格的快速选定；位于编辑栏右侧的“公式”栏可用于编辑活动单元格的内容，它包含三个按钮和一个编辑区。当向活动单元格输入数据时，公式栏中便出现三个按钮，三个按钮从左至右分别是：“×”（取消）按钮、“√”（确认）按钮和“＝”（公式指南）按钮。通常Excel在工作区中显示编辑栏。在“视图”菜单中的“编辑栏”命令是一个开关命令，它可以用于隐藏或显示编辑栏。

5）工作表。工作簿窗口包含了16张独立的工作表（Sheet）。开始时，窗口中显示第一张工作表“Sheet1”，该表为当前工作表。当前工作表只有一张，用户可通过点击工作表下方的标签激活其他工作表为当前工作表。工作表是一个由行和列组成的表格。行号和列号分别用字母和数字区别。行由上自下范围1～65 536行，列号则由左到右采用字母编号A～IV。因此每张表为256列×65 536行，若从Excel导入的数据超过以上范围，则会被Excel自动截去。每一个行、列坐标所指定的位置称之为单元格。在单元格中用户可以键入符号、数值、公式以及其他内容。

6）工作表标签。工作表标签通常用“Sheet1”“Sheet2”等名称来表示，用户也可以通过用鼠标右击标签名，选择弹出菜单中“重命名”命令来修改标签名。Excel一般同时显示工作表队列中的前3个标签。利用标签队列左边的一组标签滚动按钮可显示队列中的后续工作表的标签。工作簿窗口中的工作表称之为当前工作表，当前工作表的标签为白色，其他为灰色。

7）滚动栏。当工作表很大时，窗口中并不能显示表中的全部内容，可以使用工作簿窗口右边及下边的滚动栏，使窗口在整张表上移动查看，也可以通过修改常用“工具”栏中“显示比例框”的参数来扩大整个工作表的显示范围。

8）状态栏。状态栏位于Excel窗口底部，它的左端是信息区，右端是键盘状态区。在信息区中，显示的是Excel的当前工作状态。例如，当工作表准备接受命令或数据时，信息区显示“就绪”；当在编辑栏中键入新的内容时，信息区显示“输入”；当选取菜单命令或工具按钮时，信息区显示此命令或工具按钮用途的简要提示。在键盘状态区中，显示的是若干按键的开关状态。例如，当按CapsLock键时，状态栏中便显示“CAPS”。与编辑栏相同，在“视窗”菜单中的“状态”命令是一个开关命令，它可以用于隐藏或显示状态栏。

(2) Excel 操作方法概述

要完成任一项 Excel 操作一般都可以找到三种操作方法：鼠标操作、菜单操作和键盘命令操作。例如，想要将 A1 单元格的数据复制到 A2 单元格去，有如下几种操作方法：

1）鼠标操作法。先用鼠标选中 A1 单元格，然后缓慢移动鼠标到 A1 单元格的右下角，当鼠标的形状变为黑色实心“十”字形之后（以后称之为“添充柄”），拖动鼠标到 A2 单元格，然后放开鼠标，则 A1 的数据就复制到 A2 单元格了。

2）菜单操作法。先用鼠标选中 A1 单元格，选择“编辑”菜单中的“复制”命令，然后用鼠标选中 A2 单元格，再选择“编辑”菜单中的“粘贴”命令，数据就复制到 A2 单元格了。

3）键盘命令操作法。直接用鼠标选中 A2 单元格，从键盘输入“＝A1”命令，则复制成功。

以上是 Excel 中很典型的三种操作方法。在实际使用过程中，应根据实际情况，尽量选择三种方法中最简洁的操作方法，以提高操作速度。

(3) 文件基本操作

1）新建文件。进入“文件”菜单栏，选择“新建”即可创建一个新的 Excel 文件。

2）打开文件。进入“文件”菜单栏，选择“打开”子菜单，可在 Excel 中打开一个已经存在的数据文件。它可以是 Excel 的数据文件，也可是 Excel 兼容的其他软件的数据文件。可在不同窗口中同时打开多个数据文件，通过“窗口”菜单下方的不同选项，进行不同窗口的切换。

3）保存文件。进入“文件”菜单栏，选择“保存”命令，可保存当前数据文件。如果选择“另存为”，可将当前工作簿存为一个新的文件。保存文件的格式可以是 Excel 的数据文件，也可是 Excel 兼容的其他软件的数据文件。

4）文件打印。进入“文件”菜单栏，选择“打印”，可打印当前的工作簿文件。打印之前，可以选择“文件”菜单栏的“页面设置”和“打印预览”选项，进行打印前的页面设置操作和打印效果的预先浏览。

(4) Excel 在描述统计中的应用

在使用 Excel 进行数据分析时，要经常使用到 Excel 中一些函数和数据分析工具。其中，函数是 Excel 预定义的内置公式。它可以接受被称为参数的特定数值，按函数的内置语法结构进行特定计算，最后返回一定的函数运算结果。例如，SUM 函数对单元格或单元格区域执行相加运算，PMT 函数在给定的利率、贷款期限和本金数额基础上计算偿还额。函数的语法以函数名称开始，后面是左圆括号、以逗号隔开的参数和右圆括号。参数可以是数字、文本、形如 True 或 False 的逻辑值、数组、形如♯N/A 的错误值，或单元格引用。给定的参数必须能产生有效的值。参数也可以是常量、公式或其他函数。

Excel 还提供了一组数据分析工具，称为“分析工具库”，在建立复杂的统计分析时，使用现成的数据分析工具，可以节省很多时间。只需为每一个分析工具提供必要的数据和参数，该工具就会使用适宜的统计或数学函数，在输出表格中显示相应的结果。其中的一些工具在生成输出表格时还能同时产生图表。如果要浏览已有的分析工具，可以单击“工具”菜单中的“数据分析”命令。如果“数据分析”命令没有出现在“工具”菜单上，则必须运行“安装”程序来加载“分析工具库”。安装完毕之后，必须通过“工具”菜单中的“加载宏”命令，在“加载宏”对话框中选择并启动它。

1）描述统计工具。此分析工具用于生成对输入区域中数据的单变量分析，提供数据趋中性和易变性等有关信息。操作步骤如下：

第一步：用鼠标点击工作表中待分析数据的任一单元格。

第二步：选择“工具”菜单的“数据分析”子菜单。

第三步：用鼠标双击数据分析工具中的“描述统计”选项。

第四步：出现“描述统计”对话框，对话框内各选项的含义详见表 1—11。

表 1—11　　　　对话框内选项含义

对话框内选项	说明
输入区域	在此输入待分析数据区域的单元格范围。一般情况下 Excel 会自动根据当前单元格确定待分析数据区域
分组方式	如果需要指出输入区域中的数据是按行还是按列排列，则单击“行”或“列”。标志位于第一行/列：如果输入区域的第一行中包含标志项（变量名），则选中“标志位于第一行”复选框；如果输入区域的第一列中包含标志项，则选中“标志位于第一列”复选框；如果输入区域没有标志项，则不选任何复选框，Excel 将在输出表中生成适宜的数据标志
均值置信度	若需要输出由样本均值推断总体均值的置信区间，则选中此复选框，然后在右侧的编辑框中，输入所要使用的置信度。例如，置信度 95%可计算出的总体样本均值置信区间为 10，则表示：在 5%的显著水平下总体均值的置信区间为（X－10，X＋10）。第 k 个最大/小值：如果需要在输出表的某一行中包含每个区域的数据的第 k 个最大/小值，则选中此复选框。然后在右侧的编辑框中，输入 k 的数值
输出区域	在此框中可填写输出结果表左上角单元格地址，用于控制输出结果的存放位置。整个输出结果分为两列，左边一列包含统计标志项，右边一列包含统计值。根据所选择的“分组方式”选项的不同，Excel 将为输入表中的每一行或每一列生成一个两列的统计表

续表

对话框内选项	说明
新工作表	单击此选项，可在当前工作簿中插入新工作表，并由新工作表的 A1 单元格开始存放计算结果。如果需要给新工作表命名，则在右侧编辑框中键入名称
新工作簿	单击此选项，可创建一新工作簿，并在新工作簿的新工作表中存放计算结果
汇总统计	指定输出表中生成下列统计结果，则选中此复选框

这些统计结果有：平均值、标准误差、中值、众数、标准偏差、方差、峰值、偏斜度、极差（全距）最小值、最大值、总和、样本个数。

第五步：填写完“描述统计”对话框之后，按“确定”按钮即可。

2）直方图工具。直方图工具用于在给定工作表中数据单元格区域和接收区间的情况下，计算数据的个别和累积频率，可以统计有限集中某个数值元素的出现次数。其操作步骤如下：

第一步：用鼠标单击表中待分析数据的任一单元格。

第二步：选择“工具”菜单的“数据分析”子菜单。

第三步：用鼠标双击数据分析工具中的“直方图”选项。

第四步：出现“直方图”对话框，对话框内主要选项的含义详见表 1—12。

表 1—12　　对话框内选项含义

对话框内选项	说明
输入区域	在此输入待分析数据区域的单元格范围
接收区域（可选）	在此输入接收区域的单元格范围，该区域应包含一组可选的用来计算频数的边界值，这些值应当按升序排列。只要存在的话，Excel 将统计在各个相邻边界值之间的数据出现的次数。如果省略此处的接收区域，Excel 将在数据组的最小值和最大值之间创建一组平滑分布的接收区间
标志	如果输入区域的第一行或第一列中包含标志项，则选中此复选框；如果输入区域没有标志项，则清除该复选框，Excel 将在输出表中生成适宜的数据标志
输出区域	在此输入输出表的左上角单元格的地址。如果输出表将覆盖已有的数据，Excel 会自动确定输出区域的大小并显示信息
累积百分比	选中此复选框，可以在输出结果中添加一列累积百分比数值，并同时在直方图表中添加累积百分比折线。如果清除此选项，则会省略以上结果
图表输出	选中此复选框，可以在输出表中同时生成一个嵌入式直方图表

第五步：按需要填写完“直方图”对话框之后，按“确定”按钮即可。

能力要求

将观众数据输入 Excel 表格

观众数据见表 1—13，请利用 Excel 将这些数据输入并以“观众数据”命名工作表，保存在桌面上。

表 1—13　　观众数据原表

编号	姓名	性别	出生日期	婚否	职务	工资	简历
001	张健	男	1974—5—16	Y	职员	180.00	memo
002	李丽	女	1971—2—14	N	职员	180.00	memo
003	江涛	男	1969—6—19	Y	职员	275.00	memo
004	余得利	男	1972—8—14	N	职员	180.00	memo
005	王霞	女	1963—12—15	Y	经理	350.00	memo

步骤 1　新建 Microsoft Excel 表格

在桌面上单击鼠标右键，新建 Microsoft Excel 表格，如图 1—4 所示。

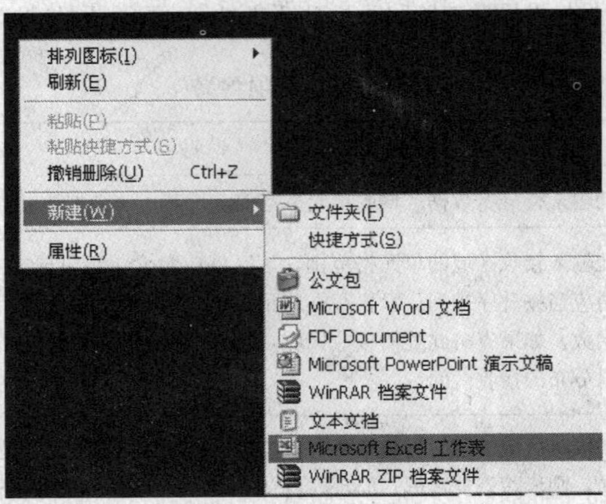

图 1—4　新建表格

步骤 2　更改工作表名

Excel 默认有 3 个工作表，将当前工作表“Sheet1”更改为“观众数据”，如图 1—5 所示。

步骤 3　输入编号

在 A2 内输入“001”后，发现自动变为“1”，这时候需要通过设置单元格的格式来保证“001”不被默认取代，选中 A2，右击鼠标，选择“设置单元格格式”，

图 1—5　更改工作表明

如图 1—6 所示。

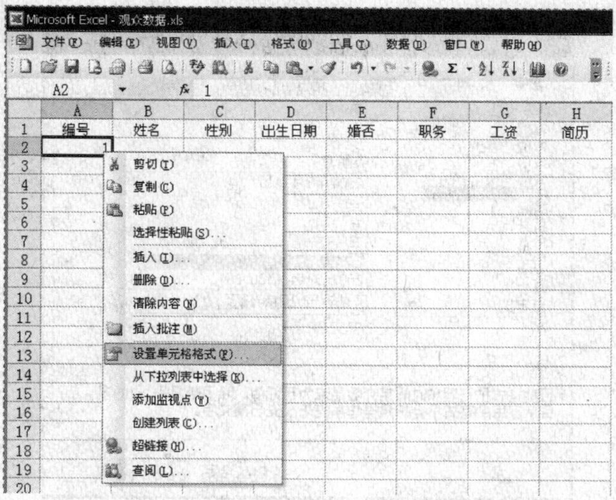

图 1—6　选择“设置单元格格式”页面

弹出“单元格格式”对话框，选择“数字”标签项，选择“文本”，如图 1—7 所示，单击“确定”。

步骤 4　输入姓名、性别

依次输入姓名、性别，居中对齐。

步骤 5　输入出生日期

出生日期的表示法有很多种，根据原表中的表示法，需要预先设置日期的表示。选中 D 栏，右击选择“设置单元格格式”，在弹出的“单元格格式”对话框中选择“数字”项的“日期”，在类型中选择“2001－3－14”，如图 1—8 所示，单击

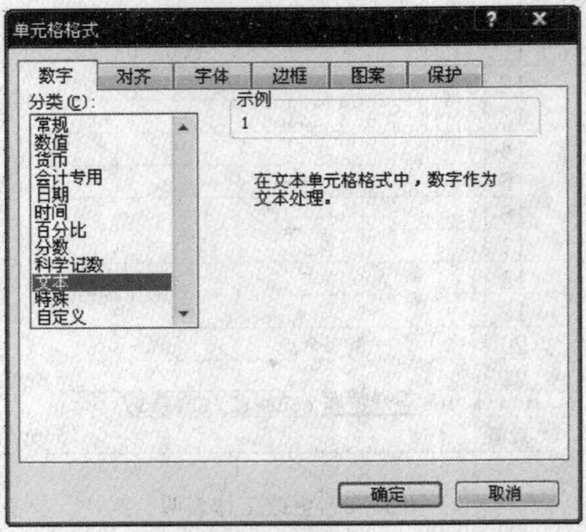

图 1—7　设置“编号”属性

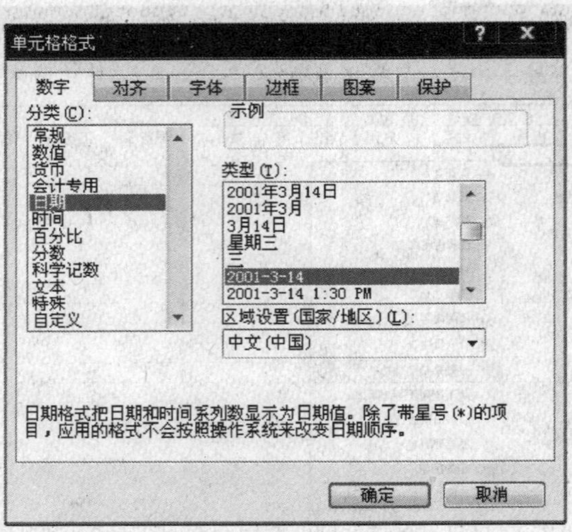

图 1—8　设置“出生日期”属性

“确定”按钮。

步骤 6　输入婚否、职务

输入婚否、职务，居中对齐。

步骤 7　输入工资

在 Excel 中，输入纯文本的内容一般比较简单，但是输入日期、数字等需要预先设置表示形式，使表格中的内容跟原表一致。本例中，单击 G 栏，右击选择“设置单元格格式”，在弹出的“单元格格式”对话框中选择“数字”项的“数值”，小数位数选择“2”，负数选择 1234. 10，如图 1—9 所示，单击“确定”按钮。

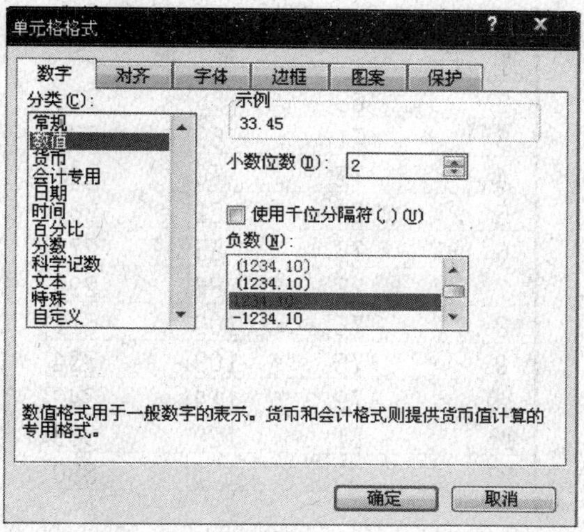

图 1—9　设定“工资”属性

步骤 8　输入简历项

输入简历项，至此，完成了整个表格数据的输入，最终如图 1—10 所示，单击保存按钮。

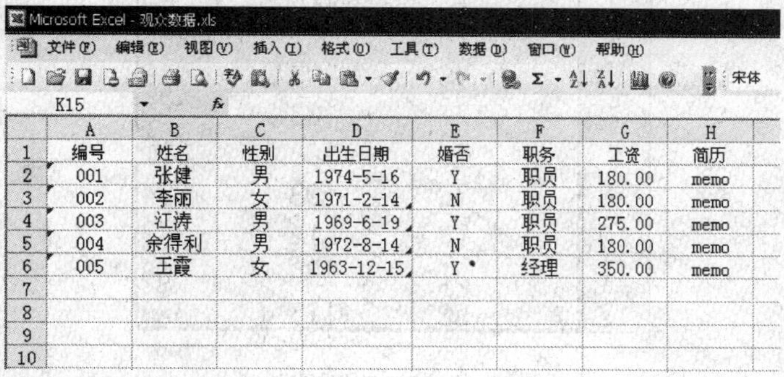

	A	B	C	D	E	F	G	H
1	编号	姓名	性别	出生日期	婚否	职务	工资	简历
2	001	张健	男	1974-5-16	Y	职员	180.00	memo
3	002	李丽	女	1971-2-14	N	职员	180.00	memo
4	003	江涛	男	1969-6-19	Y	职员	275.00	memo
5	004	余得利	男	1972-8-14	N	职员	180.00	memo
6	005	王霞	女	1963-12-15	Y	经理	350.00	memo
7								
8								
9								
10								

图 1—10　输入完成的效果

利用 Excel 绘制散点图

散点图是观察两个变量之间关系程度最为直观的工具之一，利用 Excel 的图表向导，可以非常方便地创建并且改进一个散点图，也可以在一个图表中同时显示两个以上变量之间的散点图。数据如图 1—11 所示。

步骤 1　选择数据区域

拖动鼠标选定数值区域 A2：C12，不包括数据上面的标志项，如图 1—12 所示。

	A	B	C
1	x	y	z
2	68	68	212
3	71	69	223
4	72	70	245
5	70	81	266
6	76	85	278
7	77	86	290
8	76	100	311
9	78	108	334
10	79	114	349
11	81	120	369
12	88	133	380

图 1—11　散点图数据

	A	B	C
1	x	y	z
2	68	68	212
3	71	69	223
4	72	70	245
5	70	81	266
6	76	85	278
7	77	86	290
8	76	100	311
9	78	108	334
10	79	114	349
11	81	120	369
12	88	133	380

图 1—12　选择区域

步骤 2　选择图表类型

选择“插入”菜单的“图表”子菜单，进入图表向导，选择“图表类型”为“散点图”，如图 1—13 所示，然后单击“下一步”。

步骤 3　确定用于制作图表的数据区

Excel 将自动把前面所选定的数据区的地址放入图表数据区内。在此例之中，需要建立两个系列的散点图，一个是 x—y 系列的散点图，一个是 x—z 系列的散点图，因此，必须单击“系列”标签，确认系列 1 的“X 值”方框与“数值方框”分别输入了 x，y 数值的范围，在系列 2 的“X 值”方框与“数值方框”分别输入了 x，z 数值的范围。在此例中，这些都是 Excel 已经默认的范围，所以，直接单击

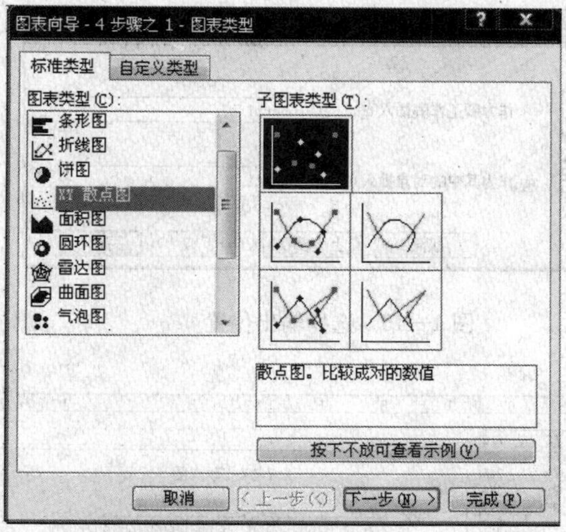

图 1—13　选择“XY 散点图”

“下一步”即可。

步骤 4　输入标题

输入图表标题为“X—Y 与 X—Z 散点图”，X 轴坐标名称为“X”，Y 轴坐标名称为“Y/Z”，如图 1—14 所示，单击“下一步”。

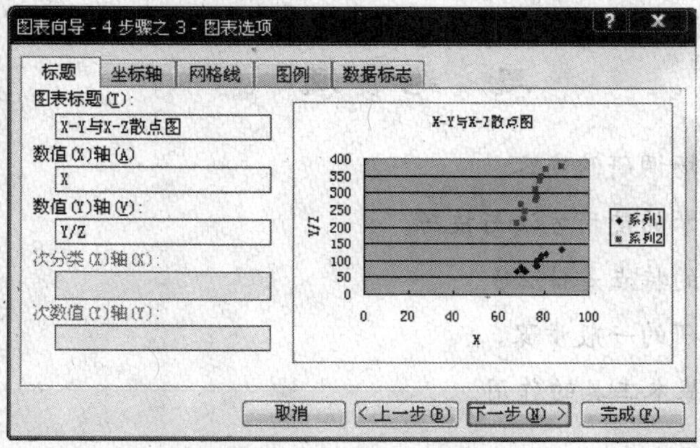

图 1—14　输入标题

步骤 5　选择输出位置

选择图表输出的位置，如图 1—15 所示；然后单击“完成”按钮，最终效果如图 1—16 所示。

结果说明：Excel 中可同时生成两个序列的散点图，并分为两种颜色显示。通过散点图可观察出两个变量的关系，为变量之间的建立模型做准备。

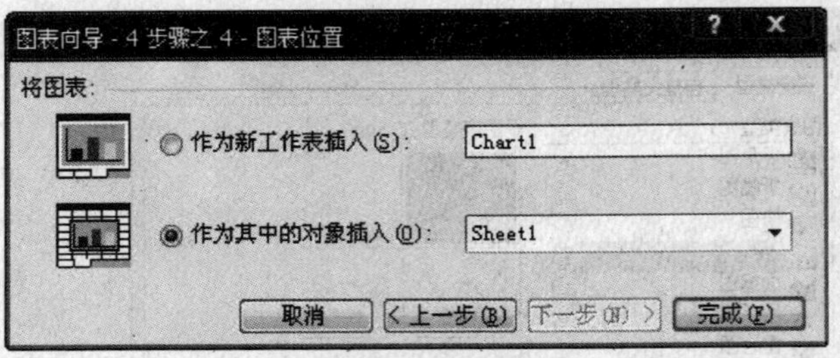

图 1—15　选择输出位置

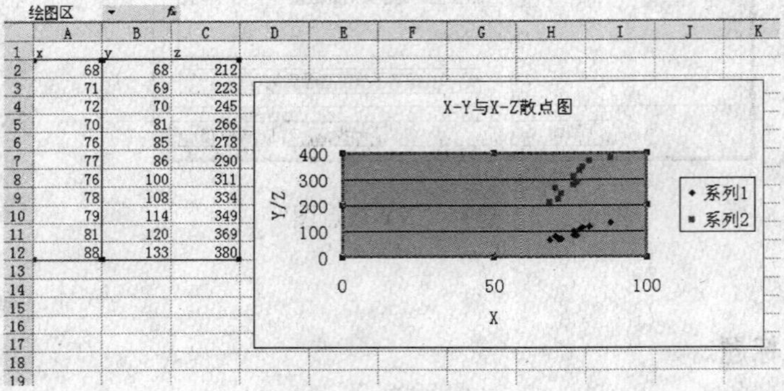

图 1—16　绘制散点图最终效果

思　考　题

1. 简述会展市场调研的内容。
2. 简述搜索引擎的使用方法与技巧。
3. 问卷调研法的特点是什么？
4. 简述访谈调研的一般步骤。
5. 简述 Excel 基本工具的作用。

第2章 策划

第1节 实施会展方案策划

学习目标

- 熟悉会务工作的礼仪规范
- 掌握速记方法，能够记录会议要点
- 能够按照会议内容要求准备材料
- 能够制订小型会议接待方案

知识要求

1. 会务礼仪

（1）会议前的接待礼仪

1）会前检查。这是对在准备工作阶段考虑不周或没有落实的地方进行的补救，如检查音像、文件、锦旗等是否准备齐全。

2）提前进入接待岗位。接待人员应该在与会者到来之前提前进入各自的岗位，并进入工作状态。一般的会议接待工作岗位见表2—1。

（2）会议中的服务礼仪

会议进行中的服务要做到稳重、大方、敏捷、及时。

表 2—1　　会议接待工作岗位说明

岗位	说明
签到	设一张签字台，配上 1～2 名工作人员，如果是会议要求接待档次比较高，可以由礼仪小姐承担签到工作。签字台备有毛笔、钢笔和签到本。向客人递钢笔时，应脱下笔套，笔尖对自己，将笔双手递上。如果是毛笔，则应蘸好墨汁后再递上。签到本应精致些，以便保存。如需要发放资料，应礼貌地双手递上。接待人员应经常向会议组织者汇报到会人数
引座	签到后，会议接待人员应有礼貌地将与会者引入会场就座。对重要领导应先引入休息室，由会议承办方领导亲自作陪，会议开始前几分钟再到主席台就座
接待	与会者坐下后，接待人员应递茶，或递上毛巾、水果，热情向与会者解答各种问题，满足各种要求，提供尽可能周到的服务

1）倒茶服务人员应注意观察每一位与会者，以便及时为其添茶水。倒茶时动作要轻盈、快捷、规范。杯盖的内口不能接触桌面，手指不能触碰杯口，不能发出杯盖碰撞的声音。一般是左手拿开背盖，右手持热水瓶，将热开水准确倒入杯里，不能让茶水溅到桌面上或与会者身上。杯子应放在与会者桌上的右上面。如果操作不慎，出了差错，应不动声色地尽快处理，不能惊动其他人，不能慌慌张张，来回奔跑，将与会者的注意力引到自己身上，应尽量弥补工作失误。

2）其他服务按会议拟定的程序进行，应紧凑，不要出现冷场的局面。要求各个工作人员“严阵以待”，做好各项准备工作。如，会议进行第一项——全体起立、奏国歌。这时音响应立即播放出国歌。又如，大会宣布颁发荣誉证书，组织人员应迅速将受奖人员排好队，礼仪小姐把领导从主席坐席上引出来，另有礼仪小姐将证书一一递上，由领导颁发给受奖者。为使会场上的活动有条不紊，必要时应将有关人员组织起来进行模拟训练，避免会场上出现混乱。

如果与会者有电话或有人要相告特别重要的事，服务人员应走到其身边，轻声转告他。如果要通知主席台上的领导，最好用字条传递通知，避免无关人员在台上频繁走动和耳语，分散与会者注意力。

3）做好会后服务的准备。会议进行之中，就应为会后服务做好准备。如会后要照相，就应提前将场地、椅子等布置好，摄影师做好摄影的准备。另外，会后的用车也应在会议结束前妥善安排。

2. 会议资料的准备

通常，需有一些资料是需要在会议前准备的，一般包括：

(1) 印发会议简报和快报

会议简报是用简练的文字及时向上级领导反映情况、向与会代表通报情况的一种文件形式。会议快报是简报的进一步精炼。重要的大中型会议一般均出简报，有的则出快报。

(2) 印发会议相关发言稿

若会议上有重要发言，可事先打印文稿，发给与会者。资料可以是全文，也可择其要点。

(3) 准备相关宣传资料

一般在签到时就直接发给每一位与会者关于会议主题的介绍文稿、会议部分发言人的文稿以及会议日程安排等；若是有媒体到场，还应给媒体准备新闻统发稿的稿子。

(4) 相关会议注意事项

根据会议需要，还可以准备会议注意事项、会议餐饮安排以及突发事件处理部门的指引说明。可根据会议规模及会议的要求来决定是否印发这部分资料。

3. 会议记录与资料整理

会议记录是一种实用文体，是由负责记录的人员对会议进行情况及会上发言和决定事项所作的记载，它是会议情况的真实反映。

(1) 会议记录的要求

会议记录要求准确、真实、清楚、完整。记录人员应当有高度的政治责任心，以严肃认真的态度忠实记录发言人的原意，重要的意思应记原话，不得任意取舍增删。会议的主要情况，发言的主要内容和意见，必须记录完整，不要遗漏。记录字体力求清晰易认，不要过于潦草，不要使用自造的简称或文字。

(2) 会议记录的格式

1）会议组织情况。要写明会议名称、届数或次数、时间、地点、出席人、列席人、缺席人（包括缺席原因)、主持人、记录人等。

2）会议内容。由会议议程、议题、讨论过程、发言内容、决定事项等组成。会议记录的结尾没有固有程式，“散会”“结束”“完”等均可。

(3) 会议记录使用的工具

会议记录可采用统一制发的会议记录本或记录纸。可使用灌注有蓝墨水的钢笔或经国家档案局鉴定可用于档案书写的圆珠笔，这种圆珠笔芯上标有“DA”（档案的拼音字头）标记。

(4) 会议记录的技巧

一般说来，会议记录的技巧有四条：一快、二要、三省、四代，概括而言，即为速记，详见表 2—2。

表 2—2　　会议记录的技巧

技巧	说明
快	“快”即书写运笔要快，记得快。字要写得小一些、轻一点，多写连笔字。要顺着肘、手的自然去势，斜一点写
要	“要”即择要而记。就记录一次会议来说，要围绕会议议题、会议主持人和主要领导同志发言的中心思想，与会者的不同意见或有争议的问题、结论性意见、决定或决议等做记录，就记录一个人的发言来说，要记其发言要点、主要论据和结论，论证过程可以不记。就记一句话来说，要记这句话的中心词，修饰语一般可以不记。要注意上下句子的连贯性、可讯性，一篇好的记录应当独立成篇
省	“省”即在记录中正确使用省略法。如使用简称、简化词语和统称。省略词语和句子中的附加成分，比如“但是”只记“但”，省略较长的成语、俗语、熟悉的词组，句子的后半部分，画一曲线代替，省略引文，记下起止句或起止词即可，会后查补
代	“代”即用较为简便的写法代替复杂的写法。一可用姓代替全名，二可用笔画少易写的同音字代替笔画多、难写的字；三可用一些数字和国际上通用的符号代替文字；四可用汉语拼音代替生词难字；五可用外语符号代替某些词汇，等等。但在整理和印发会议记录时，均应按规范要求办理

(5) 印发会议纪要和会议决定事项通知

会议纪要是在会议记录的基础上加工整理而成的一种公文形式，是传达会议精神、指导工作、解决问题、交流经验等的重要工具。会议决定事项通知是将会议内容、决议等传达给有关单位的一种公文形式。党政机关召开的日常工作会议一般均应有会议纪要，并需印发会议决定事项通知。有些专业性工作会议也产生纪要。

(6) 电子演示文稿的设计与制作

会议常用的设备包括投影、灯光设备、音视频会议系统甚至同声传译系统、发言讨论系统等，一般根据会议规模大小及会议要求来配备。

小型会议最常用的是电子演示文稿，一般通过计算机软件制作，使用计算机与投影设备，将图像放映出来。常用于制作电子演示文稿的计算机软件有 Powerpoint，Flash 等，有图有文，便于集体观看和讨论。

小型会议中常用的电子文稿一般有两种。一种是会议组织者安排的，用来主持会议；另一种是发言者准备的电子演示文稿。

能力要求

策划小型会议接待服务实施方案

会议接待是接待工作的一种，通常是由负责常务的办公室或者行政助理、秘书等人员来完成。

从程序上来，会议接待可按照会前、会中、会后三个阶段来划分：

1. 会前的筹备工作

（1）根据会议规模，确定接待规格。

（2）发放会议通知和会议日程

会议通知必须写明召集人的姓名或组织、单位名称，会议的时间、地点、会议主题以及会议参加者、会务费、应带的材料、联系方式等内容。通知后面要注意附回执，这样可以确定受邀请的人是否参加会议，准备参加会议的是否有其他要求等。对于外地的会议参加者还要附上到达会议地点和住宿宾馆的路线图。路线图会避免外地参会者不熟悉路的许多麻烦。

会议日程是会议活动在会期以内每一天的具体安排，它是人们了解会议情况的重要依据。会议日程的形式既可以是纯文字的也可以制作成表格。会议日程一般可以随会议通知一起发放。

（3）选择会场

选择会场，要根据参加会议的人数和会议的内容来综合考虑。一般应达到以下标准：

1）大小要适中。会场太大，人数太少，空下的座位太多，松松散散，给与会者一种不景气的感觉；会场太小，人数过多，挤在一起，也无法把会开好。

2）地点要合理。临时召集的会议，如果一两个小时就散会的，可以把会场定在与会人员较集中的地方。超过一天的会议，应尽量把地点定的离与会者住所较近一些，以免与会者来回奔波。

3）附属设施要齐全。会务人员一定要对会场的照明、通风、卫生、服务、电话、扩音、录音等进行检查，不能够因为“上次会议是在这里开的，没出什么问题”，就草率地认为“这回也会同样顺利”。否则，可能会发生意外，影响会议召开。

4）要有停车场。会议召开要保证轿车、摩托车等都有停放处，保障会议顺利进行。

（4）会场的布置

会场的布置包括会场四周的装饰和坐席的配置。

一般大型的会议，根据会议内容，在场内悬挂横幅；门口张贴欢迎和庆祝标语。也可在会场内摆放适当的轻松盆景、盆花。为使会场更加庄严，主席台上可悬挂国旗、党旗或悬挂国徽、会徽。桌面上如需摆放茶杯、饮料，应擦洗干净，摆放美观、统一。

坐席的配置要适合会议的风格和气氛，讲究礼宾次序，主要有以下几种配置方法：

1）圆桌型。使用圆桌或椭圆形桌子的布置使与会者同领导一起围桌而坐，从而消除不平等的感觉。另外，与会者能清楚地看到其他人的面容，因而有利于互相交换意见。这种形式适于10～20人左右的会议。座次安排应注意来宾或上级领导与企业领导及陪同面对面坐，来宾的最高领导应坐在朝南或朝门的正中位置，企业最高领导与上级领导相对而坐，同级别的人员对角线相对而坐。

2）口字型。口字型即使用长形方桌。这种形式比圆桌型更适用于较多人数的会议。

3）教室型。这是采用得最多的一种形式，它适用于以传达情况、指示为目的的会议，这时与会者人数比较多，而且与会者之间不需要讨论、交流意见。这种形式的会场主席台与听众席相对而坐。主席台的座次按人员的职务、社会的地位排列。主席的座位以第一排正中间的席位为上，其余按左为下右为上的原则依次排列。

（5）准备会议资料

会务组应该准备有关会议议题的必要资料，这些资料在整理后放在文件夹中发放给与会者，方便于与会者的阅读和发言人做好发言准备。

2. 与会者达到后的服务工作

（1）接站

受会议邀请而来的贵宾，以及那些路途遥远的与会者，都需要会议组委会安排接站。会议组委会可根据来宾乘坐的交通工具情况在来宾抵达前派人去车站、码头、机场迎接与会者。若有重要的外宾或者高级别的领导人与会，就必须安排有关领导或负责人前往迎接。

（2）根据与会者具体情况安排住宿。

（3）通知与会者活动日程安排，并组织好相关活动。

（4）随时征求与会者意见，并满足其合理要求。

3. 会议结束后应做好的收尾工作

（1）征求与会者对接待工作的意见。

（2）将订购的返程票交到与会者手中。

（3）协助与会者结算住宿费等。

（4）落实返程安排及送行车辆，送站。

（5）通知来宾单位接站。

（6）将接待工作中的有关文字材料整理归档。

小型会议在来宾的安排上都会依据会议的要求相应调整，但是会务接待工作的要求则不能降低。会务接待人员应当把握准备充分、规格适当、注意保密、确保安全等基本原则，以期取得会务接待工作的预期效果。

第2节 会展文案写作

学习单元1 会展请示和报告的写作

学习目标

➢了解请示和报告的概念

➢掌握请示与报告的写作要求

➢能够进行请示与报告的写作

知识要求

1. 请示

(1) 请示的性质

请示适用于向上级机关请求指示、批准，属于上行文。

(2) 请示的种类

1）请求指示的请示。对有关政策不甚明确，工作中出现问题难以处理，要求上级给予解释，作出指示，提出意见，为此而写的请示为请求指示的请示。

2）请求批准的请示。对非经上级批准不能办的事而写的请示为请求批准的请示。

(3) 请示的写作格式和写作要求

1）标题。请示的标题通常有两种写法：一种是由发文机关名称、请示事由和文种三部分组成的标题；第二种是省略发文机关的标题。

2）正文。请示的正文通常由请示的缘由、请示事项和结束语组成。

①请示的缘由。请示能被上级批准，缘由部分依据一定要充足，理由一定要充分，要有说服力，这是它的关键所在。

②请示的事项。请示的事项，只能一文一事，不能同时请示两个问题。请示的事项一定要明确、清楚、具体。

③结束语。请示结束语常用“以上请示妥否（或当否），请批示（或请批准、请批复）”等。

3）署名和日期。请示最后注明署名和日期。

注意：不得越级请示，不能多头请示。

【案例 2—1】

上海市××展览公司

沪览字××号　　签发人：××

关于××展览会接待方案的请示

××对外经济贸易委员会：

由上海市××展览公司和上海××有限公司承办的“××展览会”将于 2009 年 10 月 25 日至 28 日在上海新国际博览中心举行。为办好本届展览会，我们拟订了本次展览会的接待方案，现将该方案呈报如下：

一、成立展览会接待办公室

展览会接待办公室的成员由中国自行车协会、上海市××展览公司、上海××有限公司、上海××博览中心、上海××海关、上海公安局××分局及国家安全局派员组成。接待办公室具体负责协调展览会事宜。

二、开幕式

开幕式将于2008年10月25日上午9：30在上海新国际博览中心广场举行。届时将有市领导、有关委办局领导、相关参展国的驻沪领馆官员及展商代表出席。

三、举办配套论坛活动

展会期间将举行各种相关的论坛活动。拟定规模在100人左右，以中方业内人士为主，同时邀请有关参展国的自行车行业协会负责人出席。

四、安全保卫

根据属地分管的原则，安全保卫由上海市公安局××分局负责。

五、新闻报道

展览期间的新闻报道由上海电视台、上海东方电视台、上海人民广播电台、上海东方广播电台及相关报业集团发布。

六、借用人员的工资、伙食补贴

参照××规定办理。

当否，请批复。

上海市××展览公司

2008年8月25日

2. 报告

（1）报告的性质

报告适用于向上级机关汇报工作，反映情况，答复上级机关的询问。

（2）报告的种类

1）工作报告。下级机关完成领导所布置的工作或重大工作进行到某一阶段后，向上级领导汇报工作而写的报告为工作报告。

2）情况报告。下级机关在工作中出现一些新情况、新问题或某种突发事件，需要及时向上级领导汇报、反映情况而写的报告为情况报告。

（3）报告的写作格式和写作要求

1）标题。报告的标题由发文机关名称、报告的事由、文种三部分组成。也可省略发文机关，直接由报告的事由和文种构成。

2）正文。报告的正文通常分为三个部分：报告的缘由、报告的事项和结尾。

①报告的缘由。这部分主要写报告的依据、目的、原因或基本情况，不同种类的报告缘由部分写法不一。汇报工作类，缘由部分将所做的工作做一个概要介绍；反映情况类，缘由部分将所发生的情况作一个概要交代。缘由部分结束，常用“现将有关情报告如下”等语过渡下文。

②报告的事项。这是报告的核心，是报告内容的具体展开，写法也根据不同种类的报告而定。汇报工作类，事项部分主要写做了哪些工作，做得怎么样，取得了哪些成绩，还存在哪些问题等，类似作总结；反映情况类，事项部分要将有关情况作具体汇报，还要对有关问题展开分析，寻找事因，提出解决问题的意见和方法。报告的事项要真实，不能弄虚作假，含糊其辞。报告的事项要突出重点，详略得当。报告中也不得夹带请示事项。

③结尾。报告结束常用“特此报告”，或“以上报告，请审阅”等语作结。

3）署名和日期。报告最后放署名和日期。

3. 报告和请示的区别

（1）行文目的不同

请示行文主要是为解决问题而写，所以上级要给予批复或指示；报告行文主要是汇报工作、反映情况、答复问题等，一般不要求上级回文答复，即使是建设性的报告，也不要求上级专门回文。

（2）内容含量不同

请示内容单一，一文一事；报告内容容量大，有时可以数事并谈，而且比较具体。

（3）行文的时间不同

请示必须在事前行文，不允许先斩后奏；报告在事前、事中、事后行文均可。

【案例 2—2】

关于××展览会情况的报告

（文号略）

××：

经国家对外贸易经济合作部批准，由我会主办并承办的2003 FA/PA国际现代化工厂/过程自动化技术与装备展览会历时四天，于2003年10月19日在北京中国国际展览中心落下帷幕。

本届展会是在我国十六届三中全会以及航空载人飞船胜利腾空的大背景下召开的，它对于国内外工业自动化领域新技术、新产品的交流推广，对传统工业的改造升级和创新，对我国企业尽快与国际制造业水平接轨，起到了巨大的推动作用。每年一度的FA/PA国际现代化工厂/过程自动化技术与装备展览会是中国制造业和自动化领域的权威专业展会。

亮点之一是国际味道十足。今年的展会虽受“SARS”影响由春季延期至秋季，但仍然聚集了来自中国（含香港、台湾）、美国、德国、法国、英国、瑞士、瑞典、韩国、奥地利、丹麦、澳大利亚、荷兰、日本和新加坡等十几个国家和地区。

亮点之二是自动化巨头云集。如西门子自动化与驱动、施耐德电气、罗克韦尔自动化、图尔克、中达斯米克、贝加莱自动化、穆勒电气、富士电机、三菱电机、安川电机、伦茨、菲尼克斯、松下电工、光洋电子、日立、三星、和泉、普洛菲斯、科比、费斯托、魏德米勒、VIPA，LG，AUTONICS、多伺电子、美国仪器、邦威克、悉雅特、艾默生网络、艾控、艾雷斯科技、凌华科技、患丰电子、智能电器、宝德、倍福、倍加福、施克光电、横河西仪、PLCOPEN联合站台、深圳人机电子、BEI北京机械工业自动化等都在本届展会上有较大规模的特装展示。

亮点之三是科技含量极高。领导世界自动化潮流的新技术新产品纷纷在展品上亮相。展品内容涉及现场总线技术及产品、通信网略、全信息集成、工厂自动化技术和装备、可编程序控制器与相关技术、工业机器人及相关技术、工业控制及系统、工控软件、变频调速与伺服控、液压与气动元件、传感器与自动测量装置、机电一体化技术和产品、仪器仪表、嵌入式技术等。

亮点之四是搭建科技交流平台。本届展会期间举办了现场总线线缆的技术特性及应用、PROFIBUS产品开发及总线桥技术、贝加莱过程自动化新技术、集成架构——工业自动化的最佳选择、罗克韦尔软件集成构架、新一代变频器、工业现场总线与PC控制的设计及应用、MES/TIA，Profine/Profiisafe/WinCC6.0、工业控制计算机系统发展趋势——新型混合控制系统等21场“工业自动化技术”论坛。许多行业权威的演讲场内听众座无虚席，有些远道而来的观众不得不站在过道上，还有许多行家用户在演讲结束后久久不愿离去，争先与专家们讨论行业发展趋势和应用技术疑难问题。

本次展会充分体现了“让企业拥有自动化”的主题，取得了良好的预期效果。

中国××应用协会

××年××月××日

学习单元 2　会展公告和通告的写作

学习目标

➢了解公告和通告的概念

➢熟悉公告与通告两者的区别

➢掌握公告与通告的写作要求

知识要求

1. 公告

(1) 公告的性质

公告适用于向国内外宣布重要事项或法定事项。

(2) 公告的特点

1）内容的公开性。对象广泛，无需保密，是一种广而告知的公文。

2）发布形式的多样性。公告一般不例行公文的发送程序，常直接通过报纸、电台、电视台等新闻媒介公开告知。

3）行文的庄重、严肃性。公告不同于一般启事、广告类的告知，在行文时必须注重措辞的严谨、得体，语气的庄重、严肃。

(3) 公告的写作格式和写作要求

1）标题。标题有两种写法：一种是发文机关名称加上发文事由和文种构成；另一种是发文机关名称加文种构成。

2）正文。正文通常由公告的缘由、事项和结束语三部分组成。公告的缘由通常用一两句话概括。公告的事项可分若干条或若干段逐一交代，不需要对公告的意义或事情经过做过多的阐述。结束语一般常用“特此公告”“现予公告”等语，有时也可省略。

3）署名和日期。公告最后放署名和日期。

【案例2—3】

企业法人登记公告

（发文字号略）

根据《中华人民共和国公司法》及《中华人民共和国企业法人登记管理条例》和其他有关规定，下列企业已经我局核准开业登记注册，其合法权益受国家法律保护。

企业名称：上海××展览有限公司

住所：上海市××区××路1号

邮政编码：××

企业类别：合资（港澳台）

经营范围：展览展示活动策划、展览展示设计、会议服务、广告设计制作。（涉及许可经营的凭许可证经营）。

法定代表人：××

注册资本：美元叁佰万元

经营期限：2008年9月17日至2053年9月16日

执照有效期：2008年9月17日至2009年9月16日

注册号：企合沪总字第××号

上海市工商行政管理局（章）

××年××月××日

2. 通告

（1）通告的性质

通告适用于公布社会各方面应当遵守或者周知的事项。

（2）通告的种类

1）遵守性通告。遵守性通告指在一定范围内告知有关事项，并要求相关的单位和人员严格遵守办理和执行的通告。

2）周知性通告。周知性通告指在一定范围内告知有关单位和人员需要注意事项的通告。

（3）通告的写作格式和写作要求

1）标题。通告的标题有四种基本形式，分别为：由发文单位名称、事由、文种构成；发文事由和文种构成；由发文单位名称和文种构成；仅文种。

2）正文。通告正文一般由发通告的缘由、发布事项和结束语三部分组成。通告的缘由可以根据上级有关指示精神，也可以根据有关政策、法律、法规，也可以根据具体情况而发。这一部分结束后，常用“特作如下通告”或“现通告如下”等语过渡下文。通告事项是通告的主体部分。这部分内容较多，可以分条列项来写。如果内容较简短，在写法上可以不分段落。

3）署名和日期。通告最后放署名和日期。

通告的撰写要层次分明，事项具体周详不遗漏，发布要及时，以便提前准备。

3. 公告和通告的区别（见表 2—3）

表 2—3　　　　公告与通告的区别

区别	说明
从内容和功用来看	公告比通告宣布的事项重大，一般事宜不用，而且内容比较单一；通告是对某一事项作出规定或限制，内容比较具体，业务性较强
从告知的对象和范围来看	公告比通告广泛，涉及国外，不限于“社会有关方面”；通告则限于局部地区的有关单位和人民群众
从发文机关来看	公告的发布单位级别较高，多由国家领导机关制发或授权新闻单位发布，一般机关、团体、企事业单位不宜使用
从语言表达来看	公告大多比通告简短，更庄严、郑重
从发布形式来看	通告除登报和广播电视播发外，还采用张贴的形式，而公告一般不用

【案例 2—4】

通　　告

（发文字号略）

由于第二届中国上海国际毛织产品交易会将在 18 日至 20 日在上海新国际博览中心举行。届时将有较多的来宾出席交易会。为了更好地办好这届交易会，方便来宾的出席，展委会将在 18 日至 20 日，在人民广场、地铁二号线设置专车迎送来宾。

第二届中国上海国际毛织产品交易会组委会（章）

2008 年 1 月 8 日

学习单元3 会展通知和通报的写作

学习目标

- 了解通知和通报的概念
- 掌握通知和通报写作要求
- 能够进行通知与通报的撰写

知识要求

1. 通知

(1) 通知的性质

通知适用于批转下级机关的公文，转发上级机关和不相隶属机关的公文，传达要求下级机关办理和需要有关单位周知的事项及任免人员等。

(2) 通知的种类（见表2—4）

表2—4 通知的种类

种类	说明
发布性通知	用于发布行政规章制度及党内规章制度
批转性通知	用于上级机关批转下级机关的公文给所属有关人员，让他们周知或执行
转发性通知	用于转发上级机关和不相隶属机关的公文给所属有关人员，让他们周知和执行
指示性通知	用于上级机关指示下级机关如何开展工作。指示性的通知对下级具有强制性的约束力
事务性通知	用于处理日常工作中带事务性的事情。这种通知用得较多的是：更改印章、迁移办公地点、更换电话号码、开会通知等

(3) 通知的写作格式和写作要求

1）标题。通知的标题由发文机关、通知事由和文种三部分构成。批转性通知标题中应标明“批转”；转发性通知标题中应标明“转发”；发布性通知标题中应标明“印发”“发布”（发布的文件大都是法规性的文件；即发的文件大都是非法规性的文件）。批转性通知和转发性通知要列出原发文单位和原文件名称。如果原文件是通知，则可省略一个“通知”字样。简单的事务性通知也可只写“通知”二字。

2）正文。不同类型的通知的正文有不同写法。发布性通知正文点要写明发布什么规章，请贯彻执行就可以了，规章全文应和通知同时发下；批转性通知中应当作批示意见，如“已经……同意，现转发给你们，请认真遵照执行。”转发性通知在引用所转发文件的标题后，还需要括号内引上发文字号。

3）结尾。它是对贯彻执行该通知所提出的希望和要求。可用“请各有关地区和部门按上述通知贯彻执行”“特此通知”等语作结。

通知的事项必须清楚明确，不同种类的通知不能混淆错用。

【案例 2—5】

关于印发《上海市会展行业协会章程》的通知

（文号略）

××：

上海市会展行业协会是本市从事会议、展览及相关业务的企事业单位组成的具有法人资格的行业、非营利性社会团体。现将《上海市会展行业协会章程》印发给你们。凡经国家有关部门批准具有国际会议和展览经营权的单位、具备举办国际会议与国际展览会的场馆，国（境）外会议和展览公司驻沪办事机构，其他从事与会议业、展览业相关的具有法人资格的各类经济性质的企事业单位，承认行业协会章程，参加行业协会活动，接受行业协会委托的工作，按期交纳会费，经自愿书面申请，行业协会常务理事会批准，都可以成为行业协会的单位会员。

附件：《上海市会展行业协会章程》

上海市会展行业协会（章）

二〇〇八年四月十日

2. 通报

(1) 通报的性质

通报适用于表彰先进，批评错误，传达重要精神或情况。

(2) 通报的种类

1）表彰性的通报。表彰性的通报用来表彰先进的个人和单位，宣传先进事迹，推广成功经验。

2）批评性的通报。批评性的通报用来批评严重违反党纪国法、无视党和国家的方针政策、损害人民利益，造成不良政治影响或重大经济损失的人和事。

3）情况通报。情况通报主要用来把一些重要情况和动态及时传达给所属单位和部门，提请关注，给予重视。

(3) 通报的写作格式和写作要求

1) 标题。通报的标题通常由发文机关、通报事由和文种三部分组成。有时也可省略发文机关。有的通报采用文章式标题。

2) 正文。通报的正文通常由通报的缘由、具体事项和评析、表彰处理决定和希望要求三部分组成，详见表 2—5。

表 2—5　　正文的内容

内容	说明
通报的缘由	主要写发通报的原因、目的。一般将所通报的事先作简要介绍
具体事实和评析	这部分主要对所通报的事实具体展开，然后对此进行分析、评析，揭示事物的积极意义或问题的实质
表彰决定和希望要求	这部分也是通报的结尾

3) 署名和日期。通报最后放署名和日期。

通报的事例要典型、突出。分析、评析要有一定的高度，要从感性认识上升到理性认识，并要客观公正，及时迅速。

【案例 2—6】

关于上海第五届国际工业博览会的情况通报

各省市驻沪办公室：

办好第五届“工博会”是今年下半年市外经贸委的重点工作之一，也是认真贯彻党中央、国务院关于“两手抓”精神的实际举措。上海“工博会”是经国务院批准的 4 个国家级展会之一，虽冠名上海，但更是全国的、世界的。前几界“工博会”在各省市的大力支持下，中华牌特色非常明显，一些参展省市通过“工博会”，展示了自己的形象和实力。组委会与各兄弟省市也建立了非常密切的关系。今后要进一步完善联系纽带，继续获得各兄弟省市的大力支持。

第五届“工博会”具有六大特点：

第一，在继续保持“信息化与工业化”的主题的同时，突出现代装备。

第二，突出展会的专业化程度，按电子信息、工业装备、医疗设备与医药、交通装备等专业设置展区，体现了办展实践上的一大进步。

第三，继续重视产品创新、技术创新，发挥孵化器的作用。

第四，继续保持三大交易特色并强化招商引资功能。

第五，论坛将聚焦我国经济发展的热点问题，特别是结合我国发展现代化装备等新问题更好地参展企业服务。

第六，评审评奖将进一步提高影响。

由于SARS疫情的干扰，第五届“工博会”的境内招展招商工作受到很大影响。在抗击SARS取得阶段性胜利后，上海已全面恢复国际展会活动。第五届“工博会”为各兄弟省市预留了比较多的展位。让大家利用“工博会”，捕捉到更多的商机。上海市人民政府已发出邀请函，请求各省市政府动员组织有关单位到第五届“工博会”参展。“工博会”展览业务部、外经贸商展公司将派遣招展招商小组拜访各地政府部门，上门请求各省市支持第五届“工博会”的招展工作。

“工博会”的中华牌特色既是组委会的要求，也是全国东西联动、加强合作开发的发展需要。上届“工博会”中，各省市在展位、企业、成交等方面都达到了40%左右，不少产品通过“工博会”提高了知名度。希望各省市驻沪办负责人尽快传递信息，请求各兄弟省市政府为“工博会”招展招商小组提供更多便利，多组织企业到“工博会”上来。

工博会组委会（章）

二〇〇三年七月八日

学习单元4　会展批复和函的写作

学习目标

➢ 了解批复和函的概念

➢ 掌握批复和函的写作要求

知识要求

1. 批复

(1) 批复的性质

批复适用于答复下级机关请示事项。

(2) 批复的写作格式和写作要求

1）标题。标题一般由发文机关、批复事由和文种三部分组成。有的批复标题将来文的标题包括在内，有的还将批复的意见包含在标题之内。

2）正文。批复的正文由批复的缘由、批复的事项和结束语三部分构成。批复是针对请示写的，所以批复正文的开头，一定要表示来文已经收到。批复一般引用“请示”的标题、发号字号作为批复的缘由或依据，而后写上“经研究（决定），现批复如下”，过渡下文。批复的事项要有针对性，态度要明确，不能模棱两可。答复完毕常用“此复”或“特此批复”作为结束收束全文。结束语一般另起一行，空两格填写。批复要及时。

【案例 2—7】

上海市外经贸委关于举办上海国际××展览会的批复

（发文字号略）

上海市贸易促进会：

你会《关于举办上海国际××展览会的请示》（沪贸促览字［2008］××号）收悉，现就办展事项批复如下：

一、同意你会于今年 12 月主办上海国际××展览会。

二、同意上海××协会共同作为承办单位。同时根据展览会的需要同意你会酌情邀请其他合作方共同参与招展。至于举办展览的具体分工和安排，请在双方商定以后，将有关合作协议报我委备案。

三、展览会的时间、名称等重要内容如有变化，请另报我委批准。展览会展品留购事宜请按海关规定办理。如有台湾厂商申请参展，须提前 2 个月报我委，以便我委及时转报商务部批准。展览会结束后请在十天内上报书面小结。

上海市外经贸委（章）

××年××月××日

2. 函

（1）函的性质

函适用于不相隶属机关之间相互商洽工作，询问和答复问题，请求批准答复审批事项。

（2）函的种类

1）商洽函。通常用于机关之间商洽工作、讨论问题。多用平行机关和不相隶属机关之间。

2）问复函。用于机关之间提出询问和答复询问。问复函可用于平行机关和不相隶属机关之间，也可用于上下级机关之间。

3）请准函。用于向没有隶属关系的有关主管部门请求批准。

4）知照函。用于把自己管辖范围的事项告诉有关的机关。平行机关和不相隶属机关于以使用，上下级机关也可以使用。

(3) 函的写作格式和写作要求

1）标题。函的标题由发函单位、发函事由和文种三部分组成。如果是复函，要写“函复”或“复函”。也可以省略发函单位名称。

2）正文。函的正文通常由发函的缘由、发函的事项和结束语构成。发函的缘由主要写明发函的事因或目的。如果是复函，缘由部分一般要先引用对方来文的标题和发文字号，然后加上“现予答复（函复）如下”等语过渡到下文。发函的事项也应一文一事，行文简洁，不作寒暄，不讲客套话，直陈其事。结束用语较多，有“特此函商”“即请函复”“敬请函批”“函复为盼”。在“复函”中常用“特此复函”“特此函告”“此复”等。函的用语要得体，做到有理有礼。函应多用敬语。

【案例 2—8】

关于 2008 中国沈阳（国际）××博览会邀请函

××：

经北京 2008 年申奥委［2000］61 号文件批复，沈阳被正式列为 2008 年奥运会足球项目预赛城市之一。为承办好此次国际大赛，新建一座现代化体育场的工程和改造五里河体育场的筹备工作已陆续启动。因此，对体育用品、器械、设施的需求将形成空前的高潮，为此，在辽宁沈阳举办国际性的体育博览盛会，必将给参展者带来巨大的商机和丰厚的回报。

展出时间：2008 年 7 月 25 日—7 月 28 日

展出地点：沈阳国际会展中心

支持单位：辽宁省体育局

主办单位：沈阳市体育局

承办单位：沈阳五环体育产业发展有限公司

特此函告，期待光临。

沈阳市体育局（章）

××年××月××日

学习单元5　会展会议纪要的写作

学习目标

➤ 了解会议纪要的基本性质和主要类别
➤ 掌握会议纪要的写作要求

知识要求

1. 会议纪要的性质

会议纪要适用于记载和传达会议情况和议定事项。会议纪要不同于会议记录。会议记录是对会议的情况和发言做如实的记录，它不属于公文，也不能作为文件上传下达。会议纪要则是在会议记录的资料上，进行加工整理，择其要点、重点反映。

会议纪要又不同于会议决议。决议是在大会上形成及通过的决定，具有很强的权威性。在写法上它比会议纪要更加概括，对会议上的其他意见、不同观点不作反映。而会议纪要在内容上反映的面比决议广，可以反映会上不同意见的观点。

2. 会议纪要的种类

(1) 协议性会议纪要

协议性会议纪要由代表不同方面的不同机构联合召开商讨共同关心问题的会议，纪要主要记载各方取得的一致意见，对各方今后的工作有约束力。

(2) 决议性会议纪要

决议性会议纪要是由一定权利的机构召开的研究工作的会议，纪要记载会议的主要精神和议决事项，可以作为传达和部署工作的依据，对今后工作有指导意义。

3. 会议纪要的写作格式和写作要求

(1) 标题

会议纪要的标题通常用会议名称加文种，也可以由主办单位、会议名称和文种三部分组成。有的会议纪要以开会地点代替会议名称，有的用正副标题的形式。

(2) 正文

会议纪要的正文一般分为会议的基本情况、会议的主要内容和结尾三部分组成。会议的基本情况其详略程度视实际需要决定，一般尽可能简要。它介绍会议的主办单位，会议的起讫日期、地点，与会单位和人员、主持人，会议的议程、进展，会议的成果、意义等。

会议的主要内容是纪要的主体部分，要将会议所研究的问题、讨论的情况、形成的决定、达成的共识、明确的任务、提出的要求等内容概要准确地反映。在写法上可以来用条款式，将各部分内容分条列项写明，也可以来用纵式结构，按会议的进程、发言的顺序分若干段落反映。每段的开头可以用一些习惯用语“会议提出”“会议认为”“会议要求”“会议强调”等领起。这部分要写得观点鲜明，主题突出，切忌事无大小，不分主次，也不能断章取义，对会议作不切实际的反映。

结尾一般是写提出的希望、要求、发出号召，也可以对大会作出概括性的总结，也可以另作总结。

【案例 2—9】

××年义乌第二届针织、纺织、制衣工业展览会会议纪要

（文号略）

××年义乌第二届针织、纺织、制衣工业展览会筹备会议于××年×月×日至×日在义乌市红梅宾馆召开，浙江省外经贸委领导、义乌市人民政府领导、浙江省针织行业协会负责人、义乌市服装行业协会负责人、义乌市针织贸易行业协会负责人、苏州华夏展览策划有限公司负责人出席了会议。会议上苏州华夏展览策划有限公司周红经理介绍了展览会的筹备情况，并提出了指导性意见，各方进行认真的讨论，在明确各自的责任基础上，对如何搞好展览会达成了下述的共识：

一、展览会宗旨：以义乌为中心，辐射华东地区。

二、参展范围：针织加工设备，各类缝纫机、缝制处理、后整理技术与设备，其他制衣技术与设备，服装 CAD、制衣业电脑生产管理系统，印染、纺织化工及织造装备、整理技术与设备及新型制衣设备，自动化调速设备，纺处测试、分析仪器。

三、展会广告宣传推广计划：全方位的立体宣传。

1. 特殊邀请（略）

2. 媒体宣传（略）

3. 邮寄赠票（略）

4. 专人推广（略）

四、参展收费细则

1. 展位：本次展会采用 3 m×3 m 的国际标准展位，收费标准为：

国内企业：全展期 5 500 元人民币/标准展位。国外企业：全展期 1 200 美元/标准展位。

费用包括：展出场地、2.5 m 高壁板、洽谈桌一张、椅子两把、射灯两只、楣板文字、会刊企业介绍、保安和清洁服务。

2. 场地：以 36 m^2 起租，如需特殊装修，务请提前与组委会联系。收费标准为：

国内企业：全展期 500 元人民币/m^2。国外企业：全展期 120 美元/m^2。

费用包括：展出场地、会刊企业介绍、保安和清洁服务。

五、会展日程安排

报到布展：××年×月×日—×月×日

展览交易：××年×月×日—×月×日

开馆时间：上午 9：00—下午 16：30

闭幕撤馆：××年×月×日 12：00

六、会展地址：浙江义乌市××路××号中国小商品城（松湖）会展中心。

学习单元 6　会展业务社交文书的写作

学习目标

➢ 掌握几种常用的会展业务社交文书的写作要求

知识要求

1. 信文的格式、写法

会展业务社交文书中的信件是公私交往或处理日常工作而制作和使用的一系列文书。写作通常以中文为主。如涉及本国地方部门或组织与国外地方政府、团体和单位几个人交往中使用，则需要以两国文字同时出现，或将中文译成机关外文，以利于双方的理解和沟通。

（1）写作格式

一般信文主要包括以下三个部分：

1）称谓与问候。称谓就是对写信人的称呼，怎样称呼取决于写信人和收信人的关系。对长辈和平辈除了“老师”“先生”“女士”等称呼之外，还可以冠以“尊敬的”“敬爱的”以示尊敬。公务信文中，可在对方姓名之后加上职务全称，如“校长”“部长”“主席”等表示尊重。在涉外交往信文中，则要注意不同国家、不同地区和民族的特有习惯，如公务交往信文中一般不可用昵称；先生可用“Mr”；小姐可用“Miss”，而婚姻状况不明的女士则可用“Ms”等。

称谓之后可以紧跟问候语，也可另起一行空两格进行问候。问候语应体现关切、慰问之情，还可结合时令，表现一定的针对性，如“新年好”“中秋愉快”等。

2）书信正文。正文为主要部分，应在问候语之下另起一行空两格写起。内容应包括：想要告诉对方的事情；所关心的事情，想要了解的情况；想要询问对方的事情或委托对方办理的事情，等等。总之，这部分应体现写信的主要目的。在正文的末尾处可进行适当的总结和强调，进一步突出写信目的，也便于收信方领会寄信方的要求，便于尽早完成。

在正文的结尾部分，要写上一句适当的祝语，表示礼节。选用怎样的祝语，应视双方的关系及信件内容而定，不可随意乱写。一般来说，给长辈的信可以写“敬祝安好”，给平辈的信可以写“祝你健康”“祝工作顺利”等，给晚辈写信则可表希望、期盼、勉励之情，如“愿努力”。给单位或领导写信则可用“此致敬礼”“请指正”等。如慰问病人则应写上“祝早日康复”之类的祝语。

祝语的格式，一般可紧跟正文，或另起一行空两格写上“此致”“祝你”“愿你”“谨祝”等话语，然后一定要换行顶格写上“敬礼”“健康”“平安”等词语，以表示尊敬和郑重其事。

3）落款。在书信的最后一行署上写信人的姓名，位置应在全信的右下角，署名之下写明日期。重要的信件还可确切写明年月日时。特殊日期也可用“春节”“中秋”“国庆”等节日名称代替。

如果信已经写完，临时又想到其他事情需告诉对方，则可以在信后补写，用“另”“又”“以及”等字样领起，以引起对方注意。

（2）要求

信文的写作，要求具有条理性和亲切性。条理性指的是信文内容明确清晰，有条有理，不要东扯西拉，不知所云。亲切性主要体现在全信的感情基调，重在进行双方的交流和沟通，因此语言表达要注意适当的分寸，要亲切，并要得体。

(3) 信封与明信片

我国历史上曾通用竖式信封，现在国家通用的信封是横式的。信封的书写格式，中外有很大的不同。现在国内的信封，左上角写邮政编码，中间部分写收信人地址姓名，信封的右下角写寄信人单位或地址以及邮政编码。

寄往国外的书信，左上角写寄信人的姓名和地址，信封的右下角写收信人的姓名和地址。

注意：信封应以英文、法文或对方国家通用的文字来书写，也可同时用中文注明对方的国名和地名。

明信片也是一种书信的样式。因为没有信封，所以叫明信片。现在通用的明信片有两种。较多的是正面分左右两半，一半写通讯地址收信人，一半写信文，背面则是图片，有地方风景、动物、花卉等图案；另一种是正面写通讯地址，背面空白处写信。

使用明信片要注意的是：

1）文字要简洁。因为明信片供书写的空间不多，所以要字斟句酌，把最要紧的内容提炼出来，用简明扼要的文字进行表述。

2）内容要适当。因为没有信封，所写内容完全公开，因此重要的或事关机密的内容不宜使用这种通信工具。

2. 邀请信的写作格式和要求

邀请信是会展业务中，邀请不同国家，不同地区，不同单位的领导人，代表或个人到本单位进行各种访问的社交函件。邀请信是正式的邀请对方来访信件，也是一定规格的礼仪。在涉外交往中，它还是办理护照和签证手续的有效凭证。

(1) 写作格式

邀请信的写作格式主要包括称谓、正文与落款三部分。

1）称谓。国内邀请信要写明被邀请人的职务、姓名、尊称。如邀请国外的客人，则要译成外文。

2）正文。正文主要写明邀请何人于何时进行何种活动，以及邀请原因。正文中可适当提及双方交往的历史，发生过的重要事件以及这次将要进行的活动的重要性。

3）落款。落款应写明发信人的姓名、职务、单位全称和地址，注明发信日期。

(2) 要求

邀请信的写作要求有以下两点：

1）形式上做到规范、得体，文字表达热情礼貌。

2）内容上要点明确，邀请对象、时间、地点、目的清楚，使被邀请人能迅速作出回应。如不能接受邀请，也便于进一步联系和沟通。

【案例 2—10】

邀请专业讲学

尊敬的××先生：

经××会展国际公司总经理××先生介绍，我们知悉并非常赞赏您和您所在的××国际会展公司在国际会展业方面取得的成就。

我们公司计划举办了一个国际会展业务研究班。因此，我们荣幸地邀请您到上海来为我们研究班进行研讨讲学。该班将于 2008 年××月上旬开班，历时××周。全部旅行和食宿费由我们公司负责。请尽快与我的秘书××联系（2008 年×月前），以便我们作必要的安排。

我们希望通过您的影响，使我市人民更广泛地了解国际会展业的现状和前景，并为 2010 年将举办的世界博览会作出充分的准备。

我们期待您的到来。

您诚挚的朋友：上海××国际会展公司　××

××年××月××日　上海

3. 请柬的写作格式和要求

请柬也是一种邀请信，是为特定客人而发的制作精美的书面邀请信。在礼仪交往中，它体现了较高的礼遇和规格。

在各类社会交往中，大至邀请国外厂商来参加我方的广交会、小交会，访问有关的专业公司、工厂企业，小到邀请本地各行各业的单位和组织前来参加各种展览会、纪念会、庆祝会、宴会等，都会用到请柬。

(1) 写作格式

1）如果是自制的请柬，请在封面或正页第一行中间用美观大方的字体写上“请柬”二字。

2）正页抬头顶格写上被邀请者单位名称（要写全称）或个人姓名的尊称；也可以在正文后另起一行顶格写被邀请对象。

3）正文部分写明活动时间、地点和内容。如地点在大剧院或大礼堂则要附上出席人的座位号。正文后另起一行空两格写“敬请”，然后再另起一行顶格写“光临”。

4）落款部分写明邀请人单位（全称）或姓名，以及发出邀请的时间。

如涉及请柬要提前若干天发出，以便对方及时取得有效签证。

（2）要求

1）简明。由于请柬的特殊格式，对内容的限制非常严格，因此内容要浓缩，文字要简洁，注意写明时间、地点、事由等必要因素。

2）得体。语言表达要得体，恰当。请柬是规格较高的邀请信，因此要让收信人充分感受到寄送人的诚意和心情，愿意前来参加组织的活动。在姓名后要加上“先生”“女士”“阁下”或职务名称，以示尊重。此外，如果是以单位名义发的请柬，还须在落款处盖章。

3）独特。如果是自制请柬，应注重独特的创意，装帧设计要体现较高的审美价值。请柬的整体风格也可体现与具体活动的内在呼应，表现出相应的文化内涵。

【案例 2—11】

本地请柬

××先生：

谨请您于元月八日 10：00 到上海国际××展览馆参加全国××展览会开幕式。

敬请

光临

上海全国××会会务处（盖章）

××年元旦

【案例 2—12】

涉外请柬

日本　东京

××国际会展公司

××先生　商人　日籍　护照号码：

谨请您于 2008 年×月×日来华，前来上海参加“××展”，约停留十五天。请您即持此帖前往中国驻日本大使馆申请有效签证。

上海××国际会展公司（盖章）

二〇〇八年元旦于中国　上海

4. 感谢信的写作格式和要求

感谢信函、感谢电等是通常用来表达感谢之情的社交文体。它的目的在于及时表达对对方的祝贺、款待、礼物、帮助等的尊重和感谢，是礼尚往来的社交事物中很重要的一项礼仪活动。

(1) 写作格式

1）称谓。第一行顶格写上对方的单位（全称）或个人姓名（尊称）。

2）正文。这部分是主体，要充分表达感谢的心意，为何感谢的主要缘由，以及因此而产生的良好愿望。

3）落款。写信人的单位（全称）或个人姓名，以及写作日期。

(2) 要求

无论是私人之间的交往还是公务上的应酬，都经常需要表示心意。在社交关系中，感谢信函比感谢电话显得更为正式和郑重。在写作中要注意以下两点：

1）及时。在收到对方礼物、受到对方款待、得到对方帮助之后，应及时、迅速地表达自己的谢意，不能拖拖拉拉，也不必迟疑不决，因为这是人际交往中正常的礼貌，也是进一步交往所需的润滑剂。

2）得体。表达谢意既要充分，又要不失分寸。要恰到好处地赞美对方给予自己的礼遇。过分夸大或缩小自己的感受都会显得做作、矫情，使人难以接受。

【案例 2—13】

感谢馈赠礼品的信函

尊敬的××先生：

我们衷心感谢您在来华参加“××大展”时送给我公司的珍贵礼品——日本北海道的雪人木偶。我们不仅喜欢这一礼物，而且十分感谢您的盛情。

请允许我们向您和您所在的××国家会展公司表示最良好的祝愿。祝你们在新的一年中平安顺利，也祝我们之间的合作在新的一年中有更大的成果。

上海××国际会展公司（盖章）

××年××月××日

【案例 2—14】

对我方代表团受到款待的感谢信

尊敬的××先生：

现在，我们对贵国的访问已经告一段落。我们对您为这次访问所作的努力和盛情接待表示衷心的感谢。

我们代表团的所有成员感谢您所给予的热情帮助。

我相信代表团与贵公司达成的协议将成为我们之间进一步合作的良好基础，我们将携手为 2010 年上海世博会的成功而努力。

请接受我们深深的谢意和良好的祝愿。

上海××国际会展公司

2008 年××月××日

5. 致辞的写作格式和要求

致辞是社会交往中，为了重大会展的揭幕闭幕，或为了增进双方友谊，或为了婚丧嫁娶等特殊时刻，发表的礼仪性讲话。它包括欢迎辞、欢送辞、祝酒词、答谢辞、告别词、贺词等不同形式。

(1) 写作格式

1) 称呼。致辞是口头发表的演讲，要事先了解会场的特殊性，到场对象的大致身份，主办的单位与出席的领导，决定自己致辞的称呼，从而能够充分覆盖到全场听众。

2) 正文。应根据不同的聚会性质和参加对象来决定讲话内容。

展览会的开幕词可针对展览宗旨、基本规模、作者风格、主办者创意等方面展开。闭幕辞则可重在回顾与总结本次展会的成绩。

会议的致辞可从本次会议的背景、任务、意义和必要性等方面入手，也可以谈取得的成果。

还有，欢迎辞与欢送辞也应从内容上的热情迎接与依依惜别体现重点的不同。如交往的意义、作用，对友好往来的回顾，过去合作已取得的成果，以及对这次会议的充分肯定等。

掌握致辞的不同重点以后，应符合条理，简明扼要地表达出来。口头表达切忌过于浓重的书面语气，应体现热情洋溢、雅俗共赏的语言风格。

3) 结语。致辞的结尾部分要根据不同场合的需要写好祝语，突出最后着力一鞭的效果，使整篇致辞的文化内涵得以升华。

(2) 要求

写作各类致辞的时候要注意以下几点：

1) 感情浓郁。无论在酝酿构思、落笔写作，还是在口头表达，都应感情饱满，真挚，诚意，做到以情感人。

2）重点突出。无论在什么场合致辞，都应做到言简意赅，重点突出。听众不会表现一个令人昏昏欲睡的大报告，因此“说什么”要经过反复提炼，删去一切可说可不说的话，突出最重要的部分，引社交的注意。重点突出的效果往往比面面俱到强几倍。

3）语言通俗。致辞不同于书面报告，它是经过口头表达诉诸听众感官。因此过分文绉绉的语言风格不适用于致辞。要选用节奏铿锵、朗朗上口的语句组成全文。

【案例 2—15】

祝 酒 词

尊敬的××先生：

尊敬的××国际会展公司代表团各位同人：

女士们、先生们：

今天，我很荣幸地代表上海××国际会展公司为以××先生为首的××国际会展公司代表团接风。我相信，你们的来访一定能使我们进一步亲密合作，为我们两国的国际会展业作出新的努力，取得更大的成就。

为此，我提议：

为××先生的健康，

为代表团各位同人的健康，

为我们共同的事业，

干杯！

【案例 2—16】

欢 迎 辞

××先生：

值此新春佳节来临之际，我谨代表本公司向您和××国际会展公司致以节日的问候，并为您和代表团的到来表示热烈的欢迎！

今天，我和××国际会展公司的同人为了欢迎你们的到来，我们已在浦东国际机场恭候多时。你们的如期到来，一定会为我们的合作锦上添花！

请允许我再次欢迎你们的光临，并请接受我们最诚挚的新春祝愿！

【案例 2—17】

告 别 词

××先生：

××国际会展公司的同人们：

女士们、先生们：

我们××国际会展公司代表团自 2008 年××月××日踏上贵国国土之后，便受到你们盛情款待。今天，贵公司董事长、总经理××先生又特地为我们举行了这样盛大的酒会。我谨代表我们公司代表团全体团员向董事长先生，向在座的女士们、先生们表示衷心的感谢。

几天来，我们双方就有关合作上海 2010 年将要举办的世博会会展业务举行了几轮会谈，双方都表现出极大的诚意。我相信在未来的合作中，一定取得圆满的结果。

6. 标牌写作格式和要求

标牌、餐券、与会证书、收据、名片等在各类会展和社会交往中是一些小物件，都起着提示、凭据、证明等作用。虽然就写作而言不一定需要成文成段，但也需要精心设计和构思，以取得鲜明突出的交际效果。

（1）标牌的写作格式

标牌在会展中使用广泛，在设计制作会展标牌时，主要应包括以下要点：

1）单位全称、地址及联络方式。

2）主要产品、特点。

3）优势与发展前景。

以上要点可根据不同场合与需要突出重点，取得先声夺人，光彩夺目的效果。

此外，还有一类工作人员在会展中佩戴的标牌，主要格式可以列为：姓名与工号；两寸近期彩照；工作单位；职称。

（2）写作要求

标牌的写作要求如下：

1）准确无误，简洁清楚，让观众一目了然。

2）产品的标牌可视场合体现独特创意，吸引观众眼光。

第 3 节　相关软件在会展策划中的应用

学习单元 1　运用相关软件制作工作计划流程表和结构图

学习目标

- 了解办公自动化的概念和相关内容
- 掌握常用办公软件的使用方法
- 能够运用 Word 制作工作计划流程表和结构图

知识要求

办公自动化是把基于不同技术的办公设备用联网的方法联成一体，将语音、数据、图像、文字处理等功能组合在一个系统中，使办公室具有综合处理这些信息的功能。我国的专家学者在第一次办公自动化规划讨论会上把办公自动化定义为：办公自动化是利用先进的科学技术，不断使人的部分办公业务活动物化于人以外的各种设备之中，并由这些设备与办公人员构成服务某种目标的人机信息处理系统。

1. 常用的办公自动化设备

办公自动化系统的基本设备有：存储设备，包括刻录光盘与刻录机、移动硬盘、小容量快速闪存设备——闪盘、ZIP 磁盘驱动器（大容量软驱）、磁光盘 MO、打印机、复印机、扫描仪、传真机、多功能一体机、一体化速印机。常用辅助办公设备包括：数码相机、投影机、碎纸机、不间断电源（UPS）、办公会议设备、移动办公设备等。

2. 常用的办公自动化软件及操作要求

办公自动化技术是对传统办公方式的一次革命，是社会信息化的重要标志。目前，以计算机为主要办公工具，以现代化的通信设施为主要办公手段的现代化办公活动环境，正以其日趋完善的强大功能吸引着众多的办公用户，促进现代办公自动化活动的迅速发展。

因此，掌握办公自动化操作是会展从业人员的一项基本技能，应主要学会使用 Windows 操作系统、Office 套装应用软件、辅助工具软件（WinZip，ACD See，Acrobat Reader）及杀毒软件的应用；计算机网络基本知识和 Internet Explorer 等的应用；常用的办公自动化辅助设备的原理、正确使用与日常维护等。

能力要求

能运用 Word 制作工作计划流程表和结构图

在会展的很多实际任务中，需要表达某个工作的过程或流程。有些工作的过程比较复杂，如果仅仅用文字表达，通常是很难描述清楚的。同时听者也难于搞懂，在这种情况下，最好的方式就是绘制工作流程图，图形的直观性会让双方都大大获益。

下面以展览会项目管理流程图为例，介绍利用 Word 制作工作流程图的方法。

为了提高工作流程图的制作效率，在具体制作之前应该先在头脑中构思一下流程图的大概效果，最好能够在稿纸上把效果图画出来，这往往比边想边做要快很多。

在纸上画好草图之后，我们就可以打开 Word 2003 进行具体的制作了，本例的操作是在 Word 2003 中进行的，使用 Word 其他版本的也可以参照进行。

步骤 1　页面和段落的设置

为使流程图有较大的绘制空间，应先来设置一下页面。

（1）启动 Word 2003，打开一个空白文档，并切换到页面视图。选择菜单“文件→页面设置”命令，打开“页面设置”对话框，在“页边距”选项卡中，设置上下边距为“1 厘米”，左右边距为“2 厘米”，完成后单击“确定”按钮，如图 2—1 所示。

（2）由于后面要在自选图形中输入文字，为了让输入的文字在垂直方向上看起来居中，这里顺便设置一下段前距。选择菜单“格式→段落”命令，打开“段落”对话框，在“间距”选项卡中设置段前间距为“1 行”，完成后单击“确定”，如图 2—2 所示。

图 2—1　设置页面

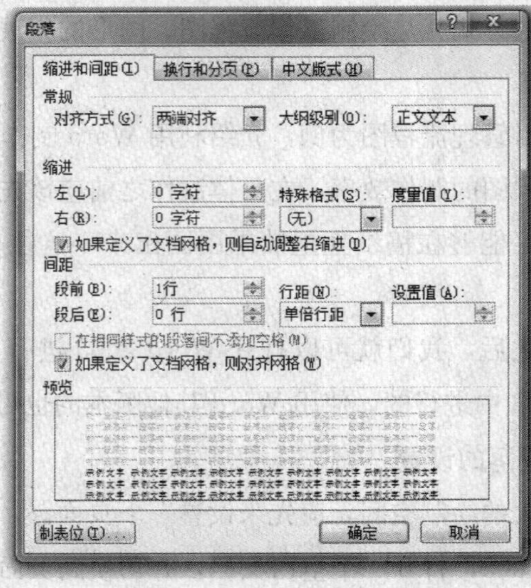

图 2—2　设置段前间距

步骤 2　制作流程图的标题

基本工作环境设置好之后就开始制作流程图的标题。大家看到的最终效果中的标题是放在一个矩形自选图形中的，下面开始制作。

（1）在 Word 窗口底部的自选图形工具栏的“基本形状”中选择“矩形”按钮。

（2）这时可以在页面中看到“在此创建图形”的画布，接着拖动鼠标，在该画布中绘制矩形，让矩形的宽度与画布相同，约 3 cm。

（3）画好后调整画布的高度，使之与矩形的高度相同。

（4）接下来选中插入的矩形，单击鼠标右键，在弹出的菜单中选择“设置自选图形格式”命令，打开“设置自选图形格式”对话框，在“颜色与线条”选项卡中，先设置线条颜色为“无线条颜色”，接着单击“填充”区“颜色”下拉箭头，选择“其他颜色”命令，打开“颜色”对话框，设置填充颜色，完成后单击“确定”，并在“设置自选图形格式”中单击“确定”。

（5）接下来在矩形框中插入艺术字标题。选中矩形框，单击鼠标右键，在弹出的菜单中选择“添加文字”命令，这时可以看到光标在矩形框内闪动，表示等待添加文字。

（6）选择底部“绘图”工具栏上的“插入艺术字”按钮，如需要，可打开“艺术字库”对话框。选择合适的艺术字，单击“确定”。

（7）在打开的“编辑‘艺术字’文字”对话框中，按下图输入“展览会项目管理流程图”文字，并设置字体格式，完成后单击“确定”，返回 Word 编辑窗口，艺术字被加入到矩形框中。

标题就制作完成了，如图 2—3 所示。

图 2—3 标题

步骤 3 绘制流程图框架

接下来开始绘制流程图的框架。所谓框架就是画出图形、把图形大致布局并在其中输入文字。在这里大家可以体会到，如果已经做好了草图，这里的操作将是比较轻松的，如果在这里边想边画，可能会耽误很多时间。

（1）单击窗口底部工具栏上的“自选图形”按钮，在弹出的菜单中选择“流程图”，接着选择“流程图”中的“准备”图形。

（2）这时，在页面中标题的下方也会出现一个“在此创建图形”的画布，拖动鼠标，在画布的恰当位置画出“准备”图形。

（3）选中“准备”图形，单击鼠标“右键”，在弹出的菜单中选择“添加文字”命令，接着在其中输入文字“开始”。

（4）如果觉得“开始”文字的位置过于靠近底部，则可以适当调整它的段前距为“0.5”行。

（5）然后设置其对齐方式为“居中对齐”，完成后的效果如图 2—4 所示。

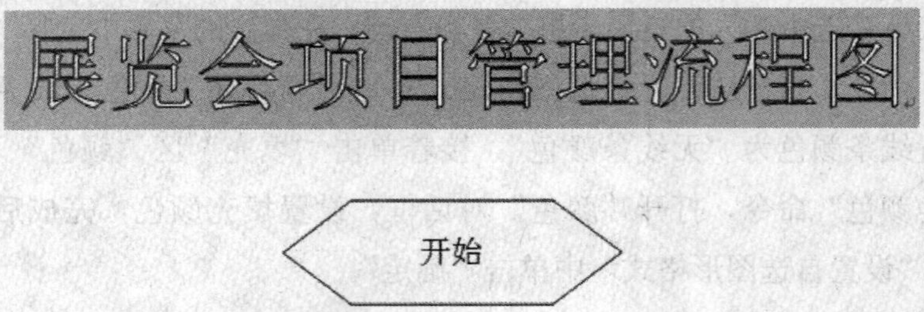

图 2—4 “准备”图形

（6）接下来先拖动“画布”右下角控制点，使其扩大面积到页面底部边缘，以便能容纳流程图的其他图形。

（7）用同样的方法，绘制其他图形，并在其中输入相应的文字。

步骤 4　流程图的对齐与修饰

由于的框架的制作都是手工的，因此在对齐上可能不太准确，下面使用对齐命令精确对齐，同时可对图形做一些修饰，让它们有更漂亮的外观。

（1）按住［Shift］，同时选中左边一列的所有图形，单击窗口底部“绘图”工具栏上的“绘图”按钮，依次选择“对齐或分布→水平居中”命令，将所有选中的图形“水平居中”对齐。

（2）同样的，同时选择“正式论文”和“打印上交”图形，执行“对齐或分布→垂直居中”命令，让它们“垂直居中”对齐。

（3）为了文字看起来更醒目，可以设置每个图形内的文字为“粗体”。

（4）接下来为图形设置三维效果。如需要设置三维效果，可按住 Shift 键，同时选中所有的图形，单击底部“绘图”工具栏上的“三维效果样式”按钮，在弹出的列表中“三维样式 1”，可以看到所有的图形被应用了三维效果样式。

（5）在所有图形保持被选中的状态下，再次单击“三维效果样式”按钮，选择“三维设置”命令，打开“三维设置”工具栏，按下图设置其“深度”为“12 磅”。完成后三维效果的厚度看起来更薄，更自然。

（6）接下来为同种类型的图形设置相同的填充色。比如选中“开始”图形，单击鼠标右键，在弹出的菜单中选择“设置自选图形格式”命令，打开“设置自选图形格式”对话框，在“颜色与线条”选项卡内，设置该图形的填充色。

（7）用同样的方法为其他图形设置填充色，让流程图的外观看起来更漂亮。

步骤 5　添加连接箭头

下面的工作是为流程图的各个图形之间添加连接箭头。连接箭头可以让阅读者更准确快速地把握工作流程的走向。在绘制箭头之间，为了能够让绘出的箭头完全水平或者垂直，一定要在前面利用“对齐或分布”的“水平对齐”或者“垂直对齐”命令对图形进行过对齐。如果前面没有对齐过，则可以在绘制之间将相应图形“水平对齐”或“垂直对齐”。下面进入添加连接箭头的操作。

(1) 选择窗口底部的“自选图形”按钮，在弹出的列表依次选择“连接符→直箭头连接符”。

(2) 接着在两个需要添加连接符的图形之间拖动鼠标，当鼠标移动到图形对象上时，图形会显示蓝色的连接点，这些点表示可以附加连接符。将鼠标在两个图形的下方连接点和上方连接点之间拖动即可将两个图形连接在一起。

(3) 用同样的方法为其他图形间添加直箭头连接符。在这个过程中，如果需要对某个图形进行移动，可选中图形后用方向键移动，如果要微移，则按住［Ctrl］的同时，使用方向键。

步骤 6　添加折线连接符和说明性文字

接下来我们要添加三个折线（肘形）连接符。

(1) 选择窗口底部的“自选图形”按钮，在弹出的列表依次选择“连接符→肘形箭头连接符”。

(2) 先在图形左侧的连接点点一下，接着向左侧拖动鼠标，然后向上再往右，在图形左侧的连接点上点一下即可。完成后可以看到连接线上有一个黄色的小点，利用鼠标拖动这个小点可以调整肘形线的幅度。

(3) 接下来，在这个小黄点处画一个矩形框，在其中添加文字“未通过”，同时设置该矩形框的线条颜色为“无线条颜色”，即不显示边框。

(4) 其他肘形线和说明文字的添加完全一样，可以仿照操作。

展览会项目管理流程图设置完成后效果可参照图 2—5。

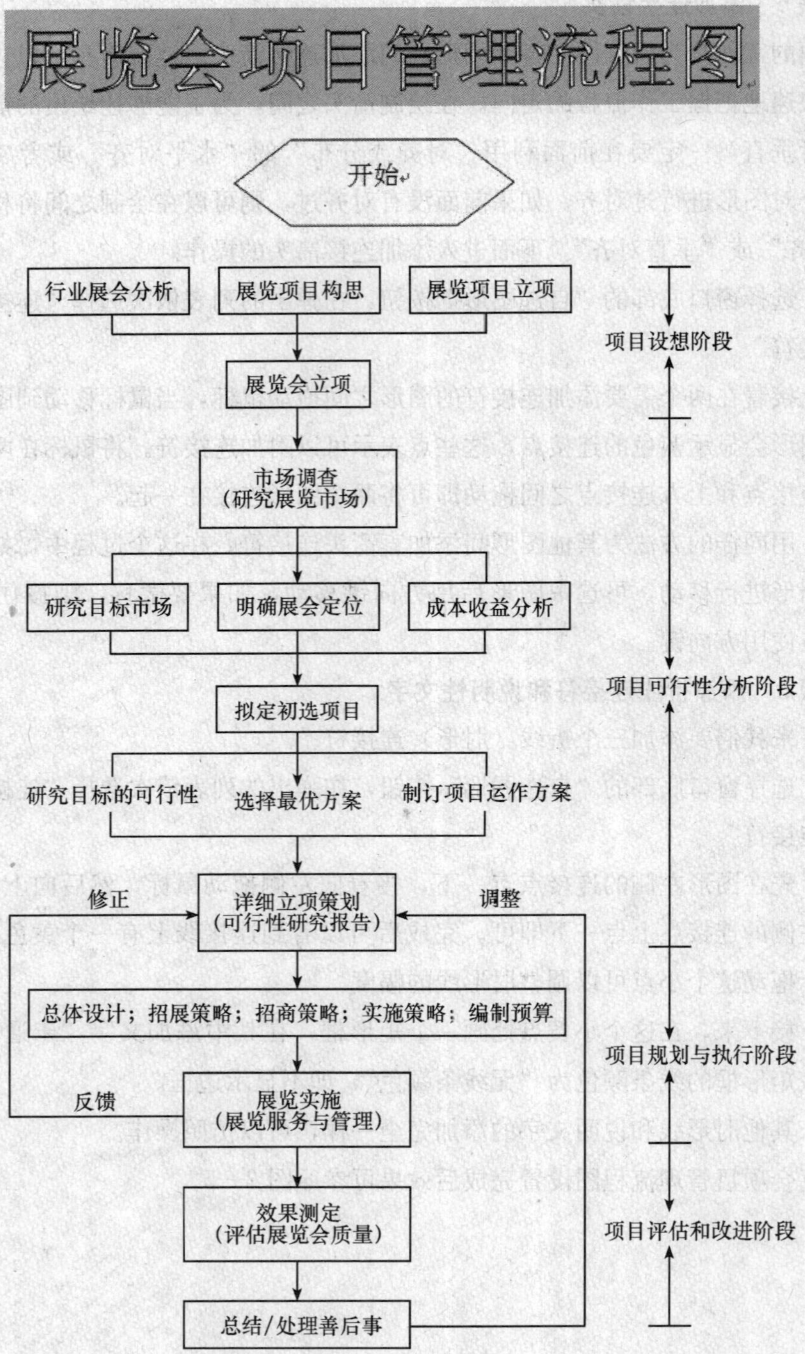

图 2—5　展览会项目管理流程图

学习单元 2　会展策划文案的演示

学习目标

➢ 熟练掌握运用 PowerPoint 演示会展策划文案

能力要求

运用 PowerPoint 演示会展策划文案

步骤 1　设计演示文稿

为了使演示文稿条理清晰，在制作 PowerPoint 之前，设计演示文稿是非常必要的。演示文稿应该根据内容需求由若干张幻灯片组成。

步骤 2　创建演示文稿

（1）单击“开始”→“程序”→“Microsoft PowerPoint”。

（2）启动 PowerPoint 后，出现“PowerPoint”对话框。选择“空演示文稿”，单击“确定”。

（3）出现一个“新幻灯片”对话框，选择“标题幻灯片”版式。

（4）输入文本：按 Ctrl＋Shift 键，可切换输入法，每按一下切换一种输入法（标准、全拼、双拼、英文等），用鼠标单击屏幕右下方输入法图标（En）也可选择输入法。

（5）添加新幻灯片：单击“插入”→“幻灯片”。如此操作，可以创建 6 张幻灯片。

特别提示

添加新幻灯片是在现有的演示文稿中增加幻灯片的数量，不要单击“文件”→“新建”，那将创建新的演示文稿。演示文稿包含幻灯片，如果把演示文稿比作相册的话，幻灯片就是“相册”中的“照片”。

(6) 保存演示文稿：单击“文件”→“保存”，输入文件名“××××”，并选择保存位置。

(7) 单击“幻灯片放映”→“观看放映”。单击鼠标或按回车键，直到放映完毕，回到刚才编辑幻灯片画面。

(8) 单击菜单栏中的“文件”→“退出”（或按 Alt＋F4），退出 PowerPoint 软件。至此，完成了一个简单演示文稿的制作过程。

演示文稿创建好后，可用来演示相应的会展策划文案。

思　考　题

1. 简述会务礼仪规范。
2. 会议记录的技巧有哪些？
3. 简述会展通告的写作要求。
4. 简述会展业务社交文书的写作要求。
5. 简述利用 Word 制作工作流程图的一般步骤。

第3章 营 销

第1节 展商与观众的名录收集

学习目标

- ➢了解会展信息数据库的基础知识
- ➢掌握展商与观众名录收集的方法与途径
- ➢能够利用相关方法收集到展商与观众的名录

知识要求

招展工作与专业观众组织是展览会发展的两翼，两者相互吸引、相互影响。参展商是会展主办单位的重要利润来源，而专业观众是参展商最主要的目标客户，拥有一定数量和较高质量的专业观众是培育品牌展览会的基本条件之一。因此，主办单位要做好展商与观众的组织工作，首先就要建立一个完善的名录数据库。

所谓参展商与观众数据库，就是按照一定的规律，对所有潜在参展商和观众的有关信息加以分类整理、准确输入以供利用的数据库。潜在参展商和观众数据库的建立和管理是招展策划、观众组织过程中的一项重要工作，建立好该数据库对之后的工作大有帮助。

1. 数据库基础知识

(1) 数据库概念

数据库是存储在某种存储介质上的相关数据有组织的集合。在这个定义中特别要注意“相关”和“有组织”这些描述，就是说，数据库不是简单地将一些数据堆集在一起，而是把一些相互间有一定关系的数据，按一定的结构组织起来的数据集合。

例如，建立一个会展单位的职员档案，每位职员有下列数据项：编号、姓名、性别、出生日期、婚否、职务、工资、简历。显然这八项中的数据是有密切关系的，是描述每个职员的自然情况。通常用一张二维表格（见表 3—1）把描述每个职员的数据按一定方式组织起来，达到方便管理的目的。

表 3—1　　职员档案表

编号	姓名	性别	出生日期	婚否	职务	工资	简历
001	张健	男	1974-5-16	Y	职员	180.00	memo
002	李丽	女	1971-2-14	N	职员	180.00	memo
003	江涛	男	1969-6-19	Y	职员	275.00	memo
004	余得利	男	1972-8-14	N	职员	180.00	memo
005	王霞	女	1963-12-15	Y	经理	350.00	memo

从表中容易看出，表头是确定每个职员的数据项，这些数据项通常称为字段，如编号字段、姓名字段等。表头下面的每一行是描述职员自然情况的数据，每一行数据通常称为记录。表中的数据组织有序，且数据间的关系明确，管理十分方便。我们把这张二维表称做关系，也称做一个数据库。

数据库中的数据以不同的方式组织，即构成了不同的数据模型，常用的数据模型有关系型、层次型和网状型。以关系方式组织数据的数据库称关系型数据库。关系型数据库是当今最流行的数据库之一。

在计算机系统中，可以实现对数据库进行定义、描述、建立、管理和维护的一套系统软件，称为数据库管理系统。

(2) 数据库的信息来源

要建立一个数据庞大、分类科学、信息丰富的参展商和观众数据库，主办单位首先需要安排专人甚至成立专门的部门广泛收集潜在参展商的有关信息（各个公司的做法都不一样，有的由公关研发部负责，有的会成立专门的网络信息部，有些则直接由项目组负责），并进行科学的分类整理，以供展览项目人员分析、调用。一般而言，收集这些信息主要可通过以下一些渠道，详见表 3—2。

表3—2　　数据库的信息来源

现有参展商、观众数据	行业协会和商会的会员名录
电话黄页	专业杂志和网站
参加同类展览会	收集同类展览会的会刊
向专业咨询公司购买名录	客户的信息咨询或参展申请
与其他公司交换数据	组织客户答谢会等活动
参加行业会议、培训班、见面会	产业链分析：本行业企业厂家；本行业上游企业；本行业下游企业；相关科研单位、技术开发、采购；相关专业媒体、期刊

（3）参展商、观众数据库的建立步骤

1）选择与展览会主题和价值定位相符合的企业或相关单位。

2）选择合适的软件，展览公司的市场研究部门应根据数据库的大小，在充分考虑运行速度、安全性、容量及成本等因素的基础上，选择合适的软件来管理各类市场信息数据。

3）按所属行业、企业规模及性质等特定标准，将数据进行合理的分类并输入计算机。

4）随机检验数据库的有效性。

2. 电话黄页基础知识

“黄页”是工商企业电话号码簿，以刊登企业名称、地址、电话号码为主体内容。最早的工商企业电话号码簿印在黄色的纸上，故称黄页。现在流行的企业名录、工商指南、消费指南等，也可算是黄页的表现形式。黄页可以以印刷品、光盘、互联网等多种形式向公众发布及出版。

“黄页”同时是一种商业性很强的媒体，它和报纸、电视、杂志等媒体一样，是现代广告不可缺少的一部分。但是，黄页具有电话号码数据的特殊功能；具有营销与购物双向指南的功能；具有方便、直接、全面、抗干扰等优点。“黄页”是把买方和卖方介绍到一起的最佳媒体。“黄页”特点如下：

第一，发行量大，遍及全市所有家庭、工商企业、涉外酒店。

第二，使用周期长，一年365天，一天24小时，随时可得。

第三，成本低，极具竞争力的价格优势，从此摆脱广告资金的困扰。

第四，消费者的反应快，当消费者有消费需求时，只要利用黄页，通过电话即可满足需求。

“黄页”是一种实用的大型通信媒介。它能提供详尽及最新的党政机关、工商企业事业用户资料，当忘记或不能肯定要拨的号码时，查阅电话号簿是最便捷的方法。工商企业分类更能帮助使用者找寻所需要的行业、商品或服务资料。在会展企业中，黄页起着至关重要的作用。

相关链接

数据库营销

1. 数据库营销的含义

数据库营销（Database Marketing Service）是在IT、Internet与Database技术发展上逐渐兴起和成熟起来的一种市场营销推广手段，在企业市场营销行为中具备广阔的发展前景。它不仅仅是一种营销方法、工具、技术和平台，更重要的是一种企业经营理念，也改变了企业的市场营销模式与服务模式，从本质上讲是改变了企业营销的基本价值观。

数据库营销对自身积累的客户信息资源、消费者数据库、潜在市场目标人群资料进行相关市场营销分析，并借助于IT和Internet技术，通过电子刊物发送、产品与服务信息传递、用户满意调研、在线销售服务等多种方式来提供企业的市场营销能力和水平。

数据库营销运用几乎不受行业差异的限制，目前运用较多的行业是：会展、IT、电信、电子商务、航空服务、房地产、旅游等。

2. 数据库营销的特点

数据库营销是随着时代的进步、科学技术的发展，由数据库技术和市场营销有机结合后形成的。数据库营销的特征有：

（1）数据库营销是信息的有效应用。

（2）成本最小化，效果最大化。

（3）客户终身价值的持续性提高。

（4）“消费者群”观念，即一个特定的消费者群对同一品牌或同一产品具有相同兴趣。

（5）双向个性化交流，买卖双方实现各自利益。任何客户的投诉或满意度通过这种双向信息交流进入公司客户数据库；公司根据信息反馈改进产品或继续发扬优势，实现最优化。

3. 数据库营销在会展中的应用

会展业的蓬勃发展，不仅为会展企业带来了无限的商机，更为经济社会提供了交流的平台，作为朝阳产业，会展企业的企业业务信息化成为会展服务企业管理层的关注焦点，应用现代网络技术，提高交流效率，降低交流成本，保护信息数据安全与高效应用，全方位管理客户关系，为营建企业长远的核心竞争力奠定基础。

会展信息管理系统是优品专业为会展服务、会展主办企业的信息管理的需要而开发，全面涉及和管理会展服务企业的日常业务，可以有效地实现会展集团多办事处共同应用，有效管理不同的展会，分类管理展商观众等方面的数据，全面全方位管理客户关系，防止客户数据因业务人员流动而流失，并可以直观地进行展会过程管理，应用精确的统计数据辅助公司决策。

能力要求

利用电话黄页搜寻目标客户

黄页对会展主办方（组织者）有重大意义，主办方可以利用黄页里的信息与潜在客户、已有客户联系，增加或寻回老客户，可二十四小时全天介入，缩短客户营销时间，并提高营销效率。

步骤1　选择适合主办方需求的黄页

主办方根据自己举办项目的行业类别选择符合自己行业需求的黄页簿，并在条件允许的情况下，尽可能多地收集到各区域（国内、国外）符合自己行业需求的黄页，这样将有利于丰富自己的客户数据资源。

步骤2　将黄页簿上的信息进行收录

黄页簿上一般都会刊登企业名称、地址、电话号码、邮政编码等内容，因此主办方可以将这些数据信息分行业收录，用于客户营销。

步骤3　信息分类整理

将收录到的信息根据所属行业的不同进行分类整理，见表3—3。

表 3—3　　　　　　　　　　　客户信息整理表

序号	联系人	公司名称	职位	通信地址	邮政编码	电话	传真	电子邮件
第一类：会展主办单位								
1	×××	北京××××会展有限公司	总经理	朝阳区××××新天地 B 座 2302 室	100028	010-6496××××	010-6496××××	××××@sohu. com
2	×××	广州××××展览策划有限公司	执行总监	广州市花城大道××××A 座 3308 室	510623	020-5758××××	020-5758××××	××××@vip. sina. com
第二类：展示设计搭建公司								
1	×××	上海××××展示展览工程有限公司	运作总监	上海市安化路××××号 202 室	200050	021-6651××××	021-6651××××	××××@yahoo. com. cn
第三类：会展场馆								
1	×××	安徽××××会展中心有限公司	市场经理	安徽合肥经济开发区××××	230601	0551-3231××××	0551-3231××××	××××@163. com
××××××								

第 2 节　电 话 营 销

学习目标

- 了解电话营销的基本知识
- 掌握电话营销的方法和技巧
- 能够有效地进行电话营销

知识要求

1. 电话营销的优势

确切的电话营销的定义为：通过使用电话、传真等通信技术，来实现有计划、有组织，并且高效率地扩大客户群、提高客户满意度、维护客户资源等市场行为的手法。

电话是目前最方便的一种沟通方式，具有省时、省力、快速沟通的优点，在目前全球通信发达的时代，电话营销已经越来越显现出其重要性来。概括起来电话营销具有如下优点：

（1）及时把握住客户的需求

现在是多媒体的时代，多媒体的一个关键词是“交互式”（Intractive），即双方能够相互进行沟通。综合来看，其他的媒体如电视、收音机、报纸等，都只是将新闻及数据单方面地传给对方。现在唯一能够与对方进行即时、及时沟通的一般性通信工具是电话。电话能够在短时间内直接听到客户的意见，是非常重要的商务工具。通过双方向沟通，可在通信时了解消费者的需求、意见，从而提供针对性的服务，并为今后的业务提供参考。

（2）增加收益

电话营销可以扩大企业营业额，会展企业不一定要单纯地等待客户打电话来咨询，如果去积极主动给客户打电话，就有可能取得更多的合作机会，从而增加收益。又因为电话营销是一种交互式的沟通，在接客户电话时，不仅仅局限于满足客户的咨询问题，同时也可以考虑进行些交叉销售（推销要求以外的相关产品）和增值销售（推销更高价位的产品）。这样可以扩大营业额，增加企业效益。

（3）保护与客户的关系

通过电话营销可以建立并维持客户关系营销体系。在建立与客户的关系时，不能急于立刻见效，应有长期的构想。制订严谨的计划，不断追求客户服务水平的提高。比如在回访客户时，应细心注意客户对已购产品、已获服务的意见，对电话中心业务员的反应，以及对购买商店服务员的反应。记下这些数据，会为将来的电话营销提供各种各样的帮助。

通过电话的定期联系，在人力、成本方面的节省是上门访问所无法比拟的。另外，这样的联系可以密切企业和消费者的关系，增强客户对企业的忠诚度，让客户更加喜爱企业的产品。

2. 电话营销的实施

（1）售前准备

在电话营销的前期必须要做好以下几个方面的准备，否则你的电话营销工作极有可能是一次失败的经历。

1）心理准备。在拨打每一个电话之前，都必须有这样一种认识，那就是所拨打的这个电话很可能就是人生的转折点或者是现状的转折点。有了这种想法之后才可能对拨打的每一个电话有一个认真、负责和坚持的态度，才使自己有必定成功的积极动力。

2）内容准备。在拨打电话之前，要先把所要表达的内容准备好，最好是先在手边的纸张上列出几条，以免对方接电话后，自己由于紧张或者是兴奋而忘了讲话内容。另外，和对方沟通时所要讲的每一句话该如何表达，都应该有所准备，必要的话，提前演练到最佳。

（2）开场白的准备

开场白或者问候是电话销售人员与客户通话时在前 30 s 要说的话，也就是要说的第一句话，这可以说是客户对电话销售人员的第一印象。所以，一个好的电话沟通，往往开始于一个好的电话开场白。好的电话开场白一般应该注意以下几点：

1）积极热情的态度。当电话销售人员接听电话的时候，应该以积极的、开朗的语气，微笑着表达自己的问候。在问候结束后，电话销售人员可稍微停顿一下，等客户开口，或者看看客户的反应。当拿起电话的时候，千万要避免“喂，你找谁?”或者“什么事情?”或者“怎么样?”或者仅是简单地拿起话筒“嗯”，这样的做法会降低电话销售人员在客户心中的专业程度。

2）简短清晰的自我介绍。进行自我介绍的时候要简短、口齿清晰，表明自己的身份即可。

3）以问题结束开场。一般而言，以探寻客户需求的问题来结束对话，把话语权交给对方，使自己跟客户建立起开始交谈的关系。

（3）探寻客户需求

探询客户需求是为了对客户需求有更清楚的了解，而有针对性推荐展览公司的产品——展位，就是推销的直接目的。为了达成推销展位的直接目的，我们要掌握 USP 和 UBV 两个重要概念：

1）USP（Unique Sell Point，独特的、独有的销售点）。在探查客户需求时，要尽可能地把客户的需求引向自己的 USP，这样，客户在做决策时，将会对我们有利。以推销展位为例，假如我们的展位有优、良、中、差之分，有不同需求的客户可以选择同一展览中不同档次的展位，那这一点就会是我们的 USP。只有当我们引导客户接受了展会的重要性时，这个 USP 才会起作用。

2）UBV（Unique Business Value，独有的商业价值）。客户往往关注的只是这个 USP 能够带来的价值和利益，只有被客户认同的 USP 所带来的商业价值才是

UBV。所以每一个销售人员应该明白，在销售过程中能促使客户下决心的不是USP，而是UBV。

一般来讲，只要掌握了USP和UBV两个重要概念，并应用到推销过程中，能够有意识根据客户需求有针对性地推销展位，就能达成推销的直接目的。

客户需求是销售的一个核心，所以，我们有必要先来谈谈对客户需求的理解。在没有完全、清楚地识别及证实客户的明确需求之前，不要急于开始推荐产品，因为探询客户需求是所有的销售阶段中最重要的一环。要完全地并清楚地识别及证实客户的需求，主要有三个含义：完全是指我们对客户的需求要有全面的理解；清楚也就是让我们要找到客户需求产生的原因，而这个原因其实也是需求背后的需求，是真正驱动客户采取措施的动因；证实是指电话销售人员所理解的客户的需求应该是最后经过客户认可的，也就是被证实的，而不是凭空猜测的。

(4) 根据客户需求有的放矢

如果认为电话展位推销的时机到了，就应该遵循下面所述的3个步骤推荐产品：

1）电话表示了解客户的需求。例如运用客户的话开场：“刚才您告诉我……从这些情况来看，下面的方案对您是最适合不过了。我给您做个介绍，好不好？”

2）将需求与特点、利益相结合。根据客户的需求，电话陈述与客户需求有关的价值特点以及这些特点是如何满足客户需求的。这里介绍推销员经常用到的一个模式，就是FAB（Feature—Advantage—Benefit）法，也就是介绍“特点—优点—利益法”。

①特点是指介绍展览本身所具有的特性、特点。

②优点是指介绍展会或服务可以实现的功能或者优点，也就是某展会所具有的特点以及可以帮助客户做些什么。

③利益是指要说明和陈述产品或服务本身具有的优点可以满足客户的某种需求，以及能为企业带来的直接利益。

3）注意确认客户是否认同。当销售人员做了最好的利益陈述后，应该注意及时确认客户是否认同，如“您觉得这个展位如何，它符合您的要求吗？”

当销售人员提出上述的确认问话后，就应该观察客户可能会有的反应，如果对方能够接受你的建议，那可以直接进入达成协议阶段。

(5) 电话的有效结束

1）客户说“不”。在这样的情形当中，你要作出的决定是，是否将这名客户从自己的销售单子上抹掉，或者是设计出一个战略来跟进，其目标是要培养人际关系，以便在未来找机会再做业务。把没有效益的客户保留在自己的客户库中的时候，必须注意：这些名录会让人心里感觉好一些，但从长期的效益来看，他们会花费你很多时间和精力。较为合理的做法是进一步开拓新客户，并对新的客户身上所花的时间和精力与保留无效益客户所花的时间和精力进行对比，权衡后适时更新自己的客户库。

2）客户说“行”。客户说“行”总是会让人产生良好的感觉，因为这是一个积极的判断，说明你的电话营销取得初步成功。其次，它确认了你所提议的东西的价值，并给你一定信心，让你使用这种办法去尝试联系别的客户。请记住这个法则：如果事情有可能出错，那么它总在等候着打击没有准备的人，让你实施跟进步骤的时机就是你完成一笔销售的时候。

3. 电话营销的跟踪

做好电话营销后续工作同做好上门销售后续工作一样重要。这是因为电话营销不会像上门销售那样给潜在客户留下深刻的印象，而且你打电话联系时，也只不过是为了要了解某些情况或是进行预约，所以销售人员应该花时间给潜在客户写一封简单的感谢信。感谢他们耗费了时间并再次确认已经预约的拜访日期。

进一步的联系，可以作为一种售前的销售手段，在寄出这封打印好的职业化的感谢信时，还应该附上潜在会展客户所需要了解的信息（会议信息、展览展位平面图等）或者公司的会展宣传册子，以便让潜在客户在销售人员进行上门销售拜访前，能对会展公司有所熟悉和了解。然后过几天，销售人员可以再给潜在会展客户打电话证实一下他们是否已经收到了寄送的材料。

这样的后续工作不仅能让潜在会展客户加深对销售人员的印象，而且也能显示会展公司对客户的诚意和合作的愿望。

能力要求

电话营销开场白的分析

电话营销的开场白话术就像一本书的书名，或报纸的大标题一样，如果使用得当的话，可以立刻使对方产生好奇心并想一探究竟。反之，则会使人觉得索然无味，不再想继续听下去。

1. 错误案例

【案例 3—1】

准客户："喂，你好，我是胡美丽。"

营销人员："您好，胡小姐，我是大亚会展策划公司的陈大朋，我们公司已经有20年的历史，不晓得您是否曾经听说我们公司？"

错误点：①营销人员没有说明为何打电话，及对准客户有何好处。②准客户根本不在意你们公司成立多久，或是否曾经听说过你的公司。

【案例 3—2】

准客户："喂，你好，我是胡美丽。"

营销人员："您好，胡小姐，我是大亚会展策划公司的陈大朋，我们现在策划了一个新的会展方案，请问你们公司最近参加过哪些会展？"

错误点：①营销人员没有说明为何打电话，及对准客户有何好处。②在还没有提到对准客户有何好处前就开始问问题，让人立即产生防卫的心理。

【案例 3—3】

准客户："喂，你好，我是胡美丽。"

营销人员："您好，胡小姐，我是大亚会展策划公司的陈大朋，几天前我有寄一些资料给您，不晓得您收到没有？"

错误点：①营销人员没有说明为何打电话，及对准客户有何好处。②平常大家都很忙，即使收到资料也不见得会看，这样问只会让对方有机会回答"我没有收到"而使谈话陷入僵局。

【案例 3—4】

准客户："喂，你好，我是胡美丽。"

营销人员："您好，胡小姐，我是大亚会展策划公司的陈大朋，我们的专长是提供适合贵公司的会展方案，不晓得您现在是否有空，我想花一点时间和您讨论？"

错误点：①直接提到商品本身，但没有说出对准客户有何好处。②不要问客户是否有空，直接要时间。

2. 点评及正确示范

在初次打电话给准客户时，必须要在 15 s 内作公司及自我介绍，引起准客户的兴趣，让准客户愿意继续谈下去。

要让准客户放下手边的工作，而愿意和你谈话，营销人员要清楚地让客户知道下列 3 件事：你是谁及你代表的公司；你打电话给准客户的目的是什么；你公司的商品/服务对准客户有什么好处。

【案例 3—5】

准客户："喂，我是胡美丽。"

营销人员："喂，您好，胡小姐，我是大亚会展策划公司的陈大朋，我们公司目前正策划一次针对我们大亚会展策划公司的老客户的大型优惠活动。今天我打电话过来的原因是我们的策划方案已经替许多印刷厂商带来了新的客户商机和实际效益，为了能进一步了解我们是否能替贵公司提供服务，我想请教一下贵公司最近是否参加过任何形式的展会?"

重点技巧：①提及自己公司的名称专长。②告知对方打电话的原因。③告知对方可能产生的好感。④询问准客户相关问题，使准客户参与。

第 3 节　网络营销

学习目标

- 了解网络营销基本知识
- 熟悉会展业务的网络营销与网络会展
- 能够建设展览会主题网站

知识要求

1. 网络营销的概念和特点

网络营销（On-line Marketing 或 Cyber Marketing）全称是网络直复营销，属于直复营销的一种形式，是企业营销实践与现代信息通信技术、计算机网络技术相结合的产物，是指企业以电子信息技术为基础，以计算机网络为媒介和手段而进行的各种营销活动（包括网络调研、网络新产品开发、网络促销、网络分销、网络服务等）的总称。

网络营销作为一种全新的营销方式，与传统营销方式相比具有明显的优势。

第一，网络媒介具有传播范围广、速度快、无时间地域限制、无时间版面约束、内容详尽、多媒体传送、形象生动、双向交流、反馈迅速等特点，有利于提高企业营销信息传播的效率，增强企业营销信息传播的效果，降低企业营销信息传播的成本。

第二，网络营销无店面租金成本，能帮助企业减轻库存压力，降低经营成本。

第三，国际互联网覆盖全球市场，通过它，企业可方便快捷地进入任何一国市场。网络营销更为企业架起了一座通向国际市场的绿色通道。

第四，在网络上，任何企业都不受自身规模的绝对限制，都能平等地获取世界各地的信息及平等地展示自己，这为中小企业创造了一个极好的发展空间。

第五，网络营销能使消费者拥有比传统营销更大的选择自由。消费者可以根据自己的特点和需求在全球范围内不受地域、时间限制，快速寻找满足自身需求的产品，并进行充分比较，有利于节省消费者的交易时间与交易成本。此外，互联网还可以帮助企业实现与消费者的一对一沟通，便于企业针对消费者的个别需要，提供一对一的个性化服务。

作为新兴营销方式，网络营销具有强大的生命力，但也存在着某些不足。例如，网络营销尤其是网络分销无法满足消费者个人社交的心理需要，无法使消费者以购物过程来显示自身社会地位、成就或支付能力等。尽管如此，网络营销作为21世纪的营销新方式势不可挡，将成为全球企业竞争的锐利武器。

2. 会展业务的网络营销与网络会展

(1) 网络营销与传统会展业务的关系

目前，我国大型会展中心基本都已经建立了网站，一般来说，会展中心的网页上都有“展览资讯”“参展指南”“酒店商务”等链接。会展业的蓬勃发展，促进了网络营销技术向会展业的渗透。第三方电子商务运营商可以构建诚信信息体系平台，解决会展业中所需要的诚信信息的采集、披露等。

网络营销被广泛应用于会展项目宣传、展出项目的选择以及参展商与组展者之间的多种契约和业务往来上，促成了会展运作、服务的规范化，促进了会展业协调管理科学化发展。

在网络营销技术支持下，会展企业具备了一定获取消费者的静态信息（如参展商、采购商所在企业的基本信息）以及动态交易信息的能力。所有这些信息经过一定的分类后，能较大提高检索能力，但参展商、采购商在参展过程中大量的其他信息却丢失了。

(2) 网络会展

网络会展是指利用计算机和互联网技术，在互联网上创建虚拟的展览会平台，提供让组展者、参展商、采购商、一般访客等实现在线展示、互动交流、商务合作等功能的电子平台。

网络会展的参展商和访问者可以覆盖全球，既避免了烦琐的出入境手续，又可以很好地解决商务合作的时差问题。同时由于 Internet 的开放性，网络会展不但能吸引因无法参加传统展会而错失合作机会的目标客户，还可以吸引其他网络用户，增加贸易机会，为参展商开辟新市场。

网络虚拟会展解决了会展业消费者之间的信息不对称性问题。网络展览通过超文本链接方式，可以将采购商或一般访客的访问信息全景地记录下来。比如每个链接的点击数，每个页面的停留时间等。还可以用很低的成本进行在线调查，从而可以在线生成网络展览情况调研报告、趋势分析图表，有助于组织者和参展商及时调整展览行为，并进行定量评估，降低失误率，提高展览效果。这些就是网络虚拟会展在成本控制优势、效率优势之外所具有的增值服务优势以及信息存储优势。

能力要求

建设展览会主题网站

以“The GOVSEC EXPO & CONFERENCE”（美国政府安全展览会暨论坛）网站为例，对展览会主题网站制作技巧做进一步说明，并附展览会主题网站整体结构图以供参考。

步骤 1　关注利益相关主体

综合分析许多品牌展览会的主题网站，我们不难发现，这些网站在首页设计上一般都围绕展览会的利益相关主体来展开，换句话说，展览会网站的首页结构至少包括参展商、专业观众、媒体、会议和活动安排，以及旅行服务等方面。然后，再将展览会亮点、上一届展会回顾（尤其是关于参展商和专业观众的统计数据分析）、行业发展状况及焦点问题等放在下面作为补充。

从图 3—1 可以看出，美国政府安全展览会暨论坛（GOVSEC）主题网站的首页分为 6 个部分，中上部分是 GOVSEC 的图标、举办日期及地点（下面还有一行专门链接新展品目录的按钮）；左上部分的内容包括 GOVSEC 简介、会议安排、展品介绍、活动安排、参展商注册和新闻媒体；右上部分主要包括观众注册、参展商和赞助商以及支持伙伴（支持单位）；左下部分是本次展览会的合作伙伴的链接；

中间是相关活动安排的说明或会议手册的下载链接等；右下部分则是有关 GOVSEC 的新闻报道。总的来说，该展览会的网站设计简洁，不论是哪种利益相关主体都能找到自己感兴趣的信息。

图 3—1 The GOVSEC EXPO & CONFERENCE 网站首页

步骤 2 有效引导读者浏览

展览会主题网站设计应该符合大多数人的阅读习惯，以有效引导参展商、观众和媒体的浏览访问，并最终作出主办单位所预期的行为。在图 3—2、图 3—3 和图 3—4 中，浏览者点击 Exhibit or Sponsor 进入下一层界面后，便可轻松获得“为什么参展”“为什么赞助”“谁会参加”等相关信息，从而有助于作出下一步决策。

图 3—2 GOVSEC 网站的“参展和赞助”板块

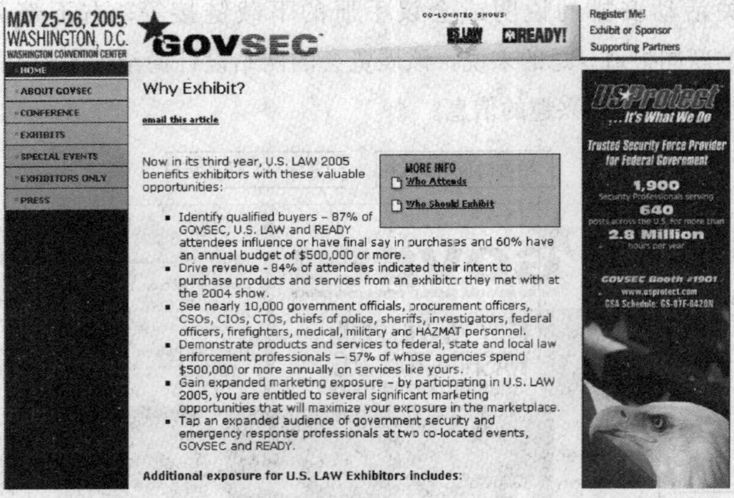

图 3—3　GOVSEC 网站的“为什么要参展”板块

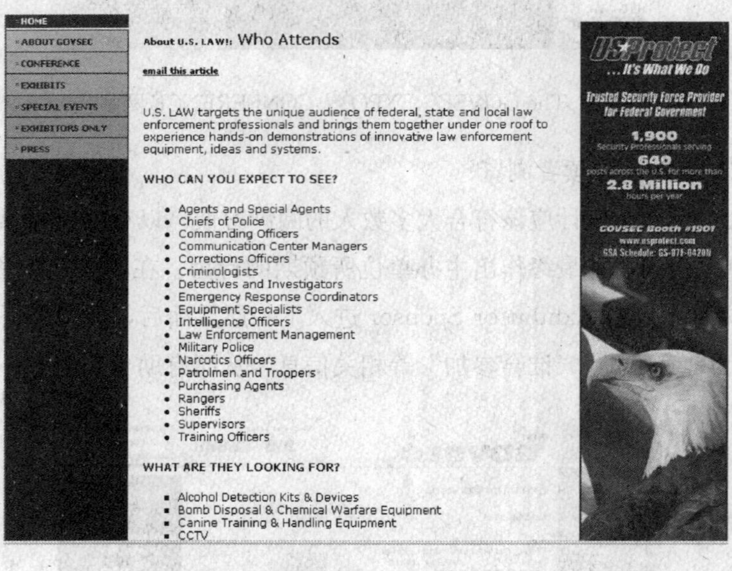

图 3—4　GOVSEC 网站的“谁会参加”板块

步骤 3　最大限度收集信息

在设计展览会的主题网站时，还有一点必须注意，那就是应尽可能收集浏览者（主要包括参展商、专业观众和媒体）的相关信息，以便于开展进一步的联络、招徕及数据分析等工作。为此，主办单位常用的方法有网上注册、网上查询、网上调查等。如图 3—5 所示，GOVSEC 将观众注册程序分为 6 个步骤，不仅收集了观众信息，而且因为设计得比较人性化，浏览者不会感到烦琐和劳累。

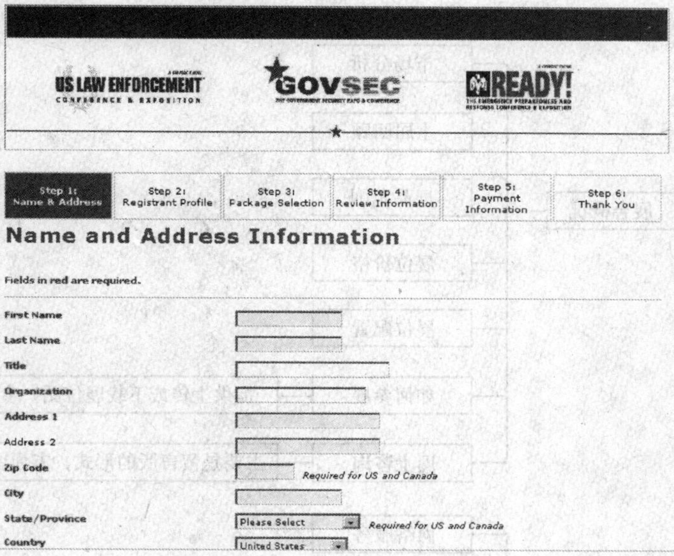

图 3—5　GOVSEC 网站的“观众注册”板块

另外，为帮助读者更好地了解展览会主题网站的制作，附上展览会主题网站整体结构图（见图 3—6），以供参考。

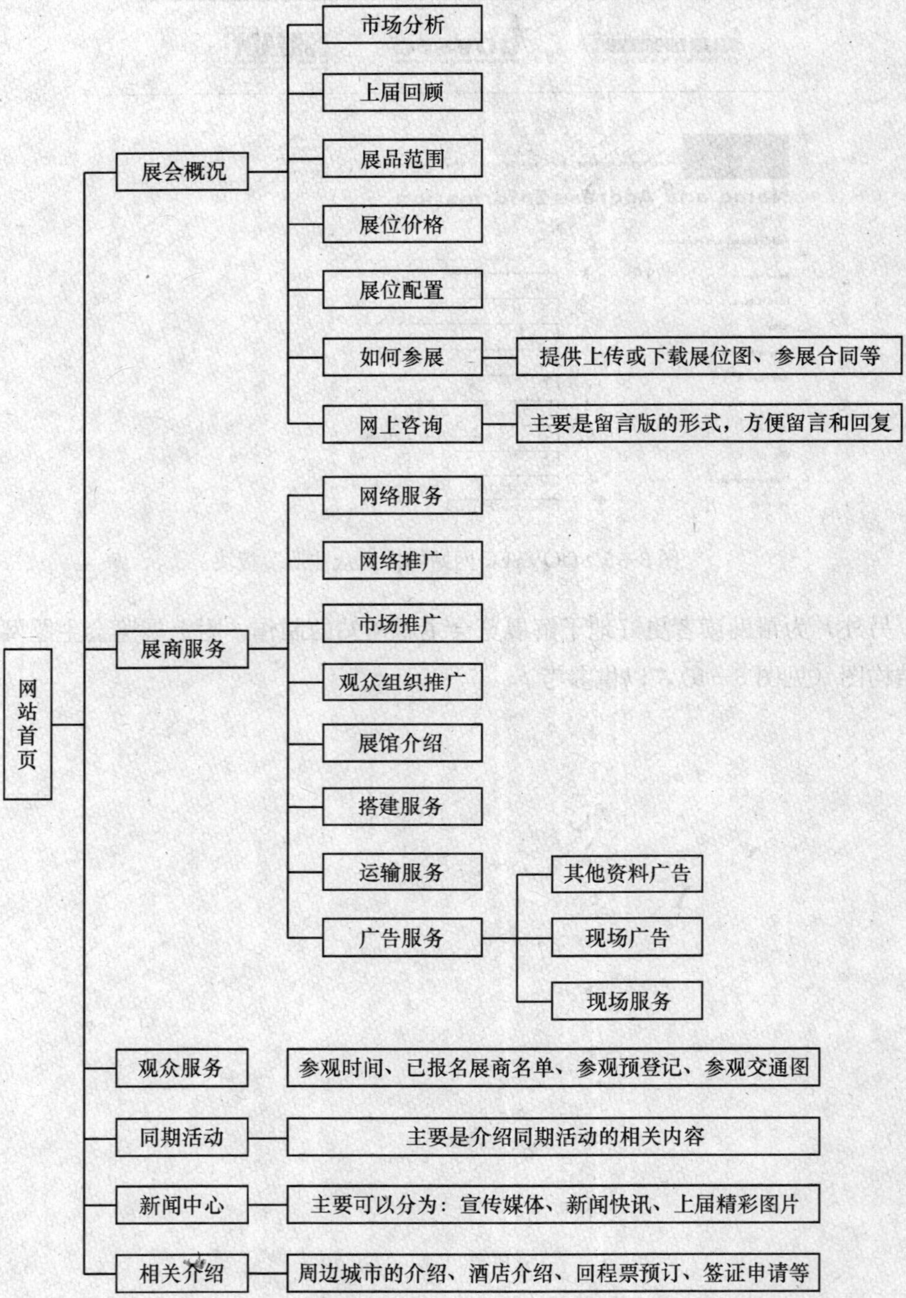

图 3—6　展览会主题网站整体结构图

第 4 节　电子邮件营销与短信营销

学习目标

➢了解电子邮件营销与短信营销的基本知识

➢能够利用电子邮件群发技术进行网络营销

知识要求

1. 电子邮件营销概述

(1) 电子邮件营销（EDM，Email Direct Marketing）的概念

电子邮件营销是指企业利用邮件建立同目标客户的沟通渠道，向其直接传达相关信息，用来促进销售的一种营销方式。EDM 有多种用途，可以发送电子广告、产品信息、销售信息，进行市场调查、市场推广活动信息等。

(2) 电子邮件营销的优势

电子邮件营销的最大优点在于企业可利用它与用户（不论是企业用户还是普通用户）建立更为紧密的在线关系。电子邮件营销已逐渐开始体现出其优势，由于其具有方便、快捷、成本低等特点，这种营销方式在会展销售中得到了迅速的发展。

(3) 电子邮件营销的特点

1）精准直效。可以精确筛选发送对象，将特定的推广信息投递到特定的目标社群，针对性非常强。

2）个性化定制。根据社群的差异，制订个性化内容，根据客户的需要提供最有价值的信息。

3）信息形式丰富、全面。文本、图片、动画、音频、视频、超级链接都可以在电子邮件营销中体现。

4）具备追踪分析能力。根据用户的行为，统计打开邮件、点击数并加以分析，获取销售线索。

(4) 电子邮件营销的注意事项

1）投放时。投放的时候，必须要认真选择精准的数据库。建议租用行业网站的数据库，如果是汽车产业的展会邮件，可选择汽车行业网站的数据库。如果选择门户网站或邮件营销商所提供的信息，很难保证投放的精确性，达不到投放效果。

2）制作时。在制作的时候，电子邮件标题要引起用户注意或突出主题。因为电子邮件是可选方式，就是用户可以打开或不打开，因此邮件主题就变得很重要。如果内容是展会宣传材料，那么标题最好突出企业或展会名称，即使用户不打开邮件，也可以由标题完成传达信息的作用。

另外电子邮件不宜过大，以免用户接收出现问题。内容最好带有图片，可以从视觉上刺激用户，通常用户接收到的陌生邮件不会浏览过长时间。

3）后期。后期的维护和跟踪也很重要，邮件营销可以让主办单位和目标受众充分便利地沟通，及时了解第一手准确信息，以便对展会推广、公司营销策略进行修整。

2. 短信营销概述

（1）短信营销的概念

随着手机的普及，如今短信营销已经成为一种非常实用的营销手段。短信营销是一个崭新的短信概念，最大特点就是批量群发，可以将一些节日问候、促销信息、展会预报等信息发送到所有目标客户的手机中。此种方法既快捷方便，又能起到宣传作用，维护了企业与客户间的关系。

（2）短信营销的优势

与传统营销手段相比，短信营销具有以下这些优势：

1）阅读率高。手机用户收到短信后都会去查阅，一般只有查看到短信息后，才会删除，所以可以达到95%以上甚至100%的查看率，这是其他任何媒体都无法达到的。

2）发布对象的含金量高。手机用户群体相对非手机用户来说是有一定收入的群体，具有一定的消费能力。

3）发布快速。传统的媒体需要制作、排版及编辑，而且只能在固定的时间发布，受到时空的限制。而手机短信则可以随时发布，速度快，手机用户在全国各地都可以收到，遇有“短平快”或紧急的宣传活动，手机短信非常适合。

4）成本低。电视、报纸及户外等媒体，成本较高，而短信成本较低，在相同的广告宣传费用下，手机短信的受众用户群远远大于传统媒体的受众用户群。

5）形式新颖。短信与其他传统媒体不同，它是一种基于现代移动通信的新型媒体。由于手机是用户随身携带的个人通信工具，用户可以在任何场所（包括在出差旅途中）轻松地接收信息。短信营销更容易被用户接受，有更好的广告效果。

总之，短信营销由于其传递速度快、受众面广、成本低廉，正逐渐受到会展主办单位的重视。但由于垃圾短信比较容易受到用户的抵触，所以会展主办单位在进行短信营销时，一定要讲究营销策略。

能力要求

利用电子邮件群发技术进行网络营销

步骤 1 输入群发邮件对象地址

在收件人地址里输入多个群发邮件对象的地址或者添加抄送地址和添加密送地址，抄送就是添加在地址里的所有人都可以看到这封邮件的收件人，密送不会显示其他收件人。收件人地址里输入多个地址，中间用逗号或分号隔开即可。

步骤 2 编写群发邮件的内容

根据群发对象，编写邮件相关内容。如是展会营销的群发邮件，要重点介绍展会的特色、亮点，展会举办时间、地点，往年展会数据（成交金额、观众统计、展会面积）等，整个介绍要内容清晰、重点突出。

步骤 3 合理使用群发线程

群发线程越多，速度自然越快，但现在很多的服务器会进行自动检测，如 163 和 263 的邮箱，如果线程数使用很多，服务器马上会显示连接请求过多，拒绝再转发。用户可以根据自己的计算机进行测试来决定合适的线程数，从而找到最佳的发送线程数，既要保证发送速度快，同时也要保证最高的成功率，还要保证发送邮件的时候计算机处于正常运行状态。

步骤 4 群发软件的选择使用

（1）使用免简单邮件传输协议（SMTP）服务器的群发软件

通过群发软件（如亿虎 Email 邮差和 WorldCast 等）将计算机虚拟成发信服务器，邮件直接发送至对方的邮箱，可以清楚地知道发送成功的数量，还可以知道邮件不能发送成功的原因。

（2）尽量不要使用多 SMTP 服务器的群发软件

多 SMTP 的服务器软件，由于先将邮件发送至 SMTP 服务器进行中转，而一般的邮件服务器都做了设置，如果 SMTP 服务器检测到短时间内来自同一个 IP 地址的大量连接请求，就会中止转发邮件，从而产生大量退信现象。况且，现在免费的 SMTP 服务器已经很难找了。

(3) 多种群发软件的选择应用

由于每一款群发软件在设计时发送参数都略有不同，所以不是每一款群发软件都能成功发送邮件到任何一个邮箱，在 SMTP 群发软件中尤为突出。因此，要尽可能全面地群发邮件到不同的邮箱，所以进行邮件营销时应使用不同的群发软件，一种软件不能发送成功的邮址，可以导入到另一种群发软件，多次群发。

步骤 5　群发邮件操作时的技巧

(1) 将邮件地址打乱发送

可以使用一些电子邮件地址列表筛选和管理软件，如 Mail List Management 可以轻松实现这一要求。

(2) 多个邮箱的使用

发送邮件的时候，建议申请多个 hotmail 和 yahoo 等免费邮箱作为发送邮箱，轮流使用，而将自己常用的邮箱作为回复邮箱，这样可以避免常用的邮箱受到封锁，从而也可以避免因此产生的大量退信现象。如 sohu 的邮箱，经常使用同一个信箱发送大量信件的话，服务器可能会屏蔽该邮址，从而不能发送，碰到这种情况，就需要更换发送信箱了。

注意事项：由于网络速度和服务器设置等多方面的原因，发送的时候可能经常会出现服务器连接失败的提示，这时可以将这些邮件重新发送一次，这样成功几率较大。

思考题

1. 数据库的信息来源主要有哪些？
2. 简述电话营销的优势。
3. 网络营销的优势有哪些？
4. 简述电子邮件营销的注意事项。
5. 简述短信营销的优势。

第 4 章

营运管理

第 1 节　会展场馆基本设施与器材

学习目标

- 了解会展场馆的基本设施
- 熟悉会展常用设施设备及其管理
- 能够进行现场设施检查和处理

知识要求

会展场馆（以下简称“场馆”）是一个会展项目得以成功实施的重要媒介，其相关的配套设施、设备与服务等，也是一个会展项目是否能按照预定目标完成的重要指标。

1. 公共设施

场馆在出租场地时会提供一些设施设备的配套服务，含在场租金内，并在《场地租用合同》中标明，一般该条款称为“基本服务”。“基本服务”是与“免费服务”进行严格概念区分的，所谓“基本服务”并不是将服务费用免去了，而是在展商支付场租金的同时得到了一定时段内的场地使用权和与之相应的服务。“基本服务”中所提供的主要设施包括以下几种：

（1）会场设施

一些大型会议都会安排较高规格的主席台，场馆需提供必要的设施设备，主要有桌椅、讲台、多种话筒、较好的照明。会场内也需配备和与会人数相对应的座椅，还要准备会间休息时的茶饮、点心等。

（2）电梯

会展的特点之一就是人流多、物流多，所以，对于多层结构的会展中心，其电梯配备要齐全。一般有自动扶梯、客梯和货梯三种，各有分工。

1）自动扶梯。自动扶梯是开放式的电梯，可运载的人流量较大。但是，因为它有固定的长度和单位时间内的运载量，如果人流超过了承载量就易发生危险。例如，自动扶梯上前面的人还没下，后面的人就紧跟而上，因为空间有限，前面的人一旦滞留原地，那么上行自动扶梯就容易造成后面的人向后倒，下行自动扶梯就容易造成后面的人向前倾，都会引发恶性事故。因此，作为主办方非但不能在上下自动扶梯的人流疏散区域内设置展位，还应在自动扶梯口安排专人疏导。

2）客梯和货梯。客梯和货梯都是封闭式的电梯，区别在于运载的对象不同，一个运人、一个运货，因此承载量相差很多。客梯一般设定在自动挡，由乘客自行上下。有的会展中心设有专门的贵宾梯，或在特定时段内将某部客梯作为贵宾梯使用（如开幕式期间），属于特殊用途的客梯。货梯负责运送货物（展品、搭建材料等），每部货梯的承载量各不相同，为避免货物超载或搬运中损坏货梯，一般由专人负责在货梯内操作，起一定的指导和监督作用。

在展会期间，电梯使用者主要由主办方工作人员、参展商/会议代表、观众三方组成，而这三方在展会的不同阶段出现的频率是不同的。因此，自动扶梯、客梯、货梯要根据不同的使用方和人流物流量来组合使用，并设定不同的速度，以尽可能节约能源。

（3）公共广播

公共广播首先是应消防要求而设的安全防范设施，它优先为火灾应急广播服务，一旦发生火灾，将起到紧急疏散的指挥作用。但是，有时也可用于播放背景音乐（如展会间隙播放制造气氛又符合展会特质的音乐）、播报注意事项等。公用广播还可成为收费服务设施，用以播放有偿广告，如展会的配套活动广播、展商个别广告等。

除火灾应急广播外，其他广播应由主办方和场馆共同审核内容后决定是否播放以及播放次数，以免影响整体展会秩序。过多过频地播放易引起不满。

(4) 卫生设施

卫生设施的优劣常常会成为主导参展商、会议代表和观众对展会印象的关键，这是因为卫生设施是在展会进行过程中使用最频繁、接触最直接的设施。卫生设施主要包括厕所和废物箱，应根据场地规模配备足够容量的厕所和足够数量的废物箱。其中，厕所要每层都有，并配备明显的导向牌便于寻找，废物箱也要分布均匀便于及时丢弃废物。卫生设施不在于其是否豪华先进，但一定要保持干净、整洁。因此，也必须配备一定数量的保洁人员，定时清理。

(5) 公共照明

场馆提供租用区域及公共区域的一般照明，根据会展期内的时间安排由专人负责开闭，并达到一定亮度。

除了以上提到的五类设施外，基本服务还可能包括公共区域的保安人员巡逻、公共导向牌、开幕式场地、公共区域保洁等。这些虽然不全涉及设施设备，但掌握这些信息将在很大程度上方便主办方对展会的管理。

2. 租赁设施

多种多样的行业决定了展会的多样性，不同展会中展品的展示需要各种动力设施。为适应各种类型的展会，争取最大的市场，场馆必须提供多种租赁设施供客户选择。客户既是指主办方、搭建方、运输方，同时也指参展商或会议代表，这类租赁设施可以统一租赁，也可以单独租赁，具体规定由主办方协商各方后制订，并通知参展商或会议代表。

(1) 空气开关箱

空气开关箱又称配电箱、电箱，指装在铁制的带有开关的箱子内的断路器，当受其控制的电气设备或线路发生短路故障时，此开关会自动跳闸，切断电源。所以，不会因为单条线路问题而影响展会的正常进行。

场馆的供电一般为三相交流电，标准电压为 220/380 V（单相电压 220 V，三相电压 380 V)，分多个规格，如 15 A/380 V、30 A/380 V、40 A/380 V、60 A/380 V、100 A/380 V、150 A/380 V、200 A/380 V、250 A/380 V、300 A/380 V、350 A/380 V、400 A/380 V 等，租赁价格不等。为确保安全，照明电和动力电必须分别租赁空气开关箱，不得混合使用。

场馆的供电一般是统一开闭的，如需 24 小时供电（如冰箱的机械设备），须提前向场馆提出申请。

(2) 中央空调

会展进行期间，室内温度的适宜与否对展会效果有很大影响。中央空调是调整室内温度、湿度、空气流动的重要设备，能够确保展会举行时有理想的室内环境。

会展中心的中央空调是收费的服务项目，一般由主办方视天气状况决定是否向场馆申请。由于会展中心的面积普遍在数千平方米以上，开启中央空调要有一个提前量，因此主办方越早申请越能保证室内温度的理想程度。有时天气变化难以预料，即使在同一天内也可能出现较大的温差（如骤然降温、升温等），主办方要督促场馆技术人员根据室外气温的变化随时调节室内中央空调的温度，保持稳定、舒适的室内空气环境。

(3) 信息点

信息点是对会展中心内提供租赁的电话接线点、网络接线点的统称。现代会展中很多产品的展示、信息的发布都要用到信息技术，所以，会展中心是否具备种类丰富、数量充足、技术有保证的信息点也成为主办方选择场地的重要依据。

会展中心的电话接线点可以分为分机电话（Extension）、市内直线（LDD）、国内直线（DDD）、国际直线（IDD），网络接线点可以分为综合业务数字网（ISDN）、有线宽带网、无线宽带网。

综合业务数字网是数字传输和数字交换综合而成的数字电话网，它能实现用户端的数字信号进网，并且能提供端到端的数字连接，从而可以用同一个网络承载各种话音和非话音业务。ISDN 基本速率接口包括两个能独立工作的 64 Kbps 的 B 信道和一个 16 Kbps 的 D 信道，选择 ISDN 2B+D 端口一个 B 信道上网，速度可达 64 Kbps，比一般电话拨号方式快 2.2 倍（若 Modem 的传输速率为 28.8 Kbps）。若两个 B 信道通过软件结合在一起使用时，通信速率则可达到 128 Kbps。场馆出租 ISDN 时，也有配套的适配器供租用，有的会展中心只收取适配器押金。

ADSL（Asymmetrical Digital Subscriber Line，非对称数字用户环路）是普遍应用于会展中心的有线宽带网的一种。ADSL 技术是运行在原有普通电话线上的一种新的高速宽带技术，它利用现有的一对电话铜线，为用户提供上、下行非对称的传输速率（带宽）。非对称主要体现在上行速率（最高 640 Kbps）和下行速率（最高 8 Mbps）的非对称性上。上行（从用户到网络）为低速的传输，可达 640 Kbps；下行（从网络到用户）为高速传输，可达 8 Mbps。

信息点的租用还应包括场馆技术人员的全程待命服务，为客商随时解决技术问题。

(4) 视听设备

一般来说，会展虽然也有一定数量的配套会议（新闻发布会、技术交流会、开幕酒会等），但其对视听设备的要求远不及会议来得严格。大多数展览中心也只是适当配备必要的视听设备，如音响、话筒、投影仪等，其种类、数量与会议中心的配备相差甚远。

1）放映设备。放映设备是指在会议室内演讲时所用到的辅助器材，如幻灯机、投影机等，详见表 4—1。

表 4—1　放映设备

设备	说明
幻灯机	在会议中，35 mm 的幻灯机最常被用于幻灯片投影。镜头将幻灯片影像放大投射到银幕，镜头大小则取决于投射距离和银幕大小。一般视听出租公司提供 10～15 cm 变焦镜头给出租的幻灯机使用。如果需要长距离或短距离的镜头，视听租赁公司则会收取额外的费用。另一个附件是延长有线遥控距离，目前有无线遥控可供选择，不过需要事先确定其相容性
投影片投影机	投影片投影机利用镜子折射方式将透明片的资料投射到平面银幕上。投影片投影机用途多、使用简单，它可以让演讲者即兴讲演，更由于投影片投影机能提供较亮的影像，可以使演讲者在稍暗的空间里工作
实物投影机	其外形酷似手提型投影片投影机，主要构造包含一小型摄影机、光源及置物板。使用时，将一实际的物件，如商品样本、相片、印刷品等立体的物件放在置物板上，打开光源，透过实物投影机上的小摄影机将此物件拍摄下来，再连接影像投射器，使物件放大投射到银幕上。此外，摄影机的镜头可以自动对焦，也可以将实物放大或缩小
银幕	选择了不适当的银幕材质投影影像，投影设备就形同虚设。使用银幕首先要决定的是银幕尺寸，其次要考虑的是型号、规格和材质。最常见的活动式银幕为三脚架式银幕。活动式三角架的尺寸范围在 1.2～2.4 m 之间，此类型银幕只需一个人即可操作使用。银幕的规格则是取决于媒体的形式。银幕材质有白色、珠光和透明背投可供选择
计算机	许多会议室都需要把计算机的影像及内容由投影机投射到银幕上，或是放映到电视屏幕上。今天，使用在会议室内的计算机机型种类繁多，个人计算机为主要的应用机型。当要定购计算机设备时，需注意下列事项：计算机机型、输出及输入形式、产生的信号、彩色或单色屏幕等
附属设备	许多特殊设备可以提升会议室的功能，其中最常见和使用最方便的是电子指示笔。一般影像上有一个白色箭头指引与会者观看，若以一只射光笔的红点来取代白色箭头，将更能吸引大家的注意力

2）音响设备。音响设备对会议的质量具有相当大的影响，会展策划师如果能将音响方面的基本因素考虑进去的话，将对会议质量的提高有相当大的帮助。

麦克风是会议活动中使用最频繁、最重要的视听器材之一。然而麦克风的种类繁多，特性也不同，因此了解各种麦克风的特性及正确使用方法，将使会议进行得更顺利，并节省不必要的器材租用费。

如果在一场会议中考虑到录音，就必须要在演讲区增加麦克风或者是从会场的音响设备中收音，也可由与会者自备微型录音机进行录音。

3）特殊视听系统

①多媒体会议设备。如计算机、互联网、电视会议、光缆、ISBN、液晶显示板、可视电话都可以进入会场，形成丰富多彩的多媒体会议设备。同时，越多的新技术应用意味着越需要专业人才的帮助。在场馆提供者没有相关的技术人员的情况下，雇用专门的视听公司就是一项明智的选择。

现在计算机技术的发展可使计算机直接连接相应的投影设备，利用办公软件中方便的幻灯片制作工具（如微软公司的Powerpoint）可快捷地制作精美的幻灯片，只需把笔记本电脑连接相应的投影设备就可在屏幕上方便地播放。

②同声翻译设备。一般情况下，同声翻译设备的租价相当昂贵，主办单位应该视实际需要与预算的能力考虑。所谓同声翻译是当演讲者使用自己国家的语言演讲时，经由同声翻译人员的翻译，使另外语言的使用者通过同声翻译设备听懂演讲者发言的内容。标准的会议中心都有同步翻译室，可提供6种语言的同声翻译。

（5）会展特有的租赁设施

展品的种类是无止境的，有消费品、工程机械、电子设备、医疗器材等，而展品的展示手段更是多种多样，所使用的设施设备也要远远多于仅参加会议时的需求。展览中特有的租赁设施很多，以下介绍几种常用的租赁设施。

1）给排水。展览中心除自身的给排水系统外，还在出租的区域内提供给排水。给排水，既有进水口，也有出水口，并提供一定长度的水管。原则上是配套租赁，就是循环水，也有只需要单向的，即在开机前加满足量的动力用水，不再排出。

展览中心的技术人员只负责将给排水的水源连接到申请的展位，以及负责水源总阀门的开闭。由参展商负责将水源连接到机器，以及每天早晚分水源阀门的开闭。因为展览中心的主要电缆线多沿地面铺设，而参展商申请的给排水是临时接驳的，一旦水溢出后果不堪设想，所以，要特别注意经常查看和及时关闭，主办方要肩负起提醒参展商的责任。

给排水设施大多应用于机械类展览，如机床展、橡塑展。也有个别非机械类展览中会用到，如室内装饰展中经常有展商为其展品“家用喷泉”或“家用瀑布”申请水源。

2）压缩空气。压缩空气也是展出机械常用的动力能源，有由中央空压机提供的压缩空气，也有由小型空气压缩机提供的压缩空气，视需要的压缩空气流量和质量而定。所谓压缩空气的流量是指每分钟每立方米产生的压缩空气量，质量是指产生的压缩空气去水去油的程度。流量越大，去水去油的程度越高，该压缩空气的租赁价格也越高。空气压缩机如图 4—1 所示。

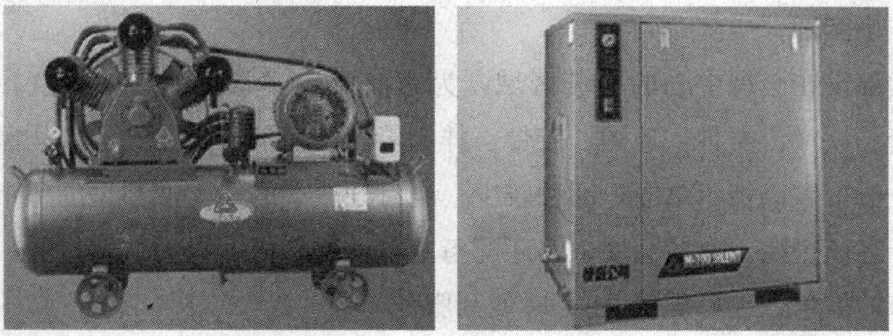

图 4—1　空气压缩机

3. 配套服务的设施设备

会展中心是会展进行中所有参加人员的主要活动场所，其配套服务的设施设备也日趋完备。

(1) 停车场

展会进行期间，大量的人流带来大量的车流，这就需要有规划合理、管理先进的配套停车场。国内大部分会展中心从经济角度考虑，仅在地面设很少的停车位，供贵宾车辆停放，而在会展中心的地下建设大面积的停车场。各类智能停车场管理软件被应用于车流量大的会展中心停车场管理中，通过自动存储进出记录、自动核算、扣费、自动维护、语音报价、中文提示及车牌确认、车位检查、图形摄像等功能，有效地解决了费用流失、乱收费、车被盗、泊车率低、管理成本高、服务效率低等各种弊端，更科学、更高效、更安全地实施会展的配套服务。

(2) 餐饮

会展的参观离不开衣、食、住、行，午餐作为“食”的一部分常常要在会展中心内解决。在对展会的各类问卷调查中表明，餐饮质量是参展商、会议代表和观众关注较多、意见也较为集中的项目之一，在很大程度上会影响人们对展会的综合评价。会展中心的餐饮在确保卫生的同时，也要考虑到国内外客商的不同口味，多增加品种，实行多价位、多品种的餐饮服务。

此外，当人流量较大时，餐饮供应是否跟得上也是非常关键的，主办方应多从人性化服务考虑，及时将预测的人流量同场馆沟通，做到有备无患。

（3）商务中心

商务中心设在会展中心内，为客商提供周到的服务，一般包括：秘书服务、收发传真、复印、个人计算机、打字及翻译等，有时也提供邮递、外币兑换、商务咨询、订票等其他服务。

（4）小卖部

小卖部设在会展中心的显著区域，为客商供应日常用品，如零食、电池、胶卷、雨伞、饮料、文具、地图、胶带、挂钩等。小卖部有封闭式的，物品放在柜台里由服务员按客商指示拿取，品种较少；也有开放式的，类似小型的超市，品种较多，便于客商选购。有的会展中心还配备有自动售货机、自动饮料机等，既可满足不同口味的需求，也可提供24小时便利服务。

（5）公共通信设备

公共通信设备，如IC卡电话、投币电话等应该平均分布于会展中心的各个层面。现在还有很多会展中心为客商设想，配备了投币手机快速充电器，满足应急需要。

4. 增值配置

主办方为客商提供的产品是服务，同样，场馆为主办方提供的产品也是服务，服务水平和服务质量的竞争就是现代会展市场竞争的要素。各会展中心都千方百计地在提高自身的服务水平和服务质量上下工夫，如何更好地为主办方提供多样化、人性化的服务成为场馆研究的主要方向。于是在基本服务、配套服务的基础上做大做强增值服务成为场馆的服务特色和经营亮点。信息化和智能化配置是会展中心提供增值服务的主要渠道。

信息化和智能化是当今世界经济和社会发展的大趋势。信息化水平、智能化水平是衡量一个会展中心参与市场竞争力、现代化程度的重要标志，也是倡导“绿色会展”的主流。除了会展中心信息网络的综合布线（电信网络、有线电视网络、24小时监控网络等）要确保会展的使用量，并提供技术支持外，以下几项配置也是十分必要的。

（1）展会查询热线

会展信息咨询是会展中心向社会提供的最基本的增值服务内容。会展中心可以开通自动查询台，将会展信息预先设置到计算机程序中，由查询者按照计算机提示音查询会展信息；也可以设置人工服务热线，随时为查询者解答。要注意的是，会展的信息是变动的，要及时更新热线信息内容，并开通双语服务（中文、英文），顺应会展的国际化需求。

(2) 网站建设

网站信息也是面向社会的，会展中心应在自己的网站中开设在本场地举办的会展信息栏目（会展档期表）以供查询。并在网站中注明会展项目的开展日期、所在楼层，最好有明确的交通指示说明或交通图，方便客商抵达会展中心。

(3) 导展/导会设施

会展中心内很可能同期举办多个展会，为方便客商快速寻找到目标展会和配套设施（如商务中心、小卖部），有的会展中心会在显要的出入口安置多台触摸屏，更形象、更直观地为客商提供导展/导会服务。触摸屏中的内容可以精心设置，在提供方位导向的同时，也可以宣传会展中心的各项服务，甚至可以出租部分页面给主办方或其他企业做展会宣传和更详细的展会资料查询。

(4) 智能卡出入管理系统

有的展览中心已经启用了智能卡系统作为出入管理的有效方式，因为智能卡有信息存储功能，所以既能控制人流，也方便信息统计。如在展厅、会议室、库房等重要场所设置电子卡，对出入口进行管理控制。在展厅出入口安放门口机，采用读卡过闸的管理方式，提供给展厅内的人员良好的投资洽谈及参观的环境。门口机具有读取多种卡的能力，同时可以控制展馆内的人流。

在会展策划实际运用中，还是应该结合会展项目和主办方自身的实际需要，有选择地组合使用，为客商提供细致周到的服务。

能力要求

识别会展场馆平面与设施布置图

会展主办（组织）方在选择场馆举办会展项目时，都会根据项目要设计到的各种元素对场馆的设施、设备、环境等进行综合观察总结，如：场馆的形象、场馆的配套空间、场馆的停车位、场馆的安检与应急系统、场馆提供的餐饮服务、施工的收费标准与场地使用费用等，以上海新国际博览中心为例，可以从下图 4—2 看出它齐全的配套设施，以及多种显著标志。

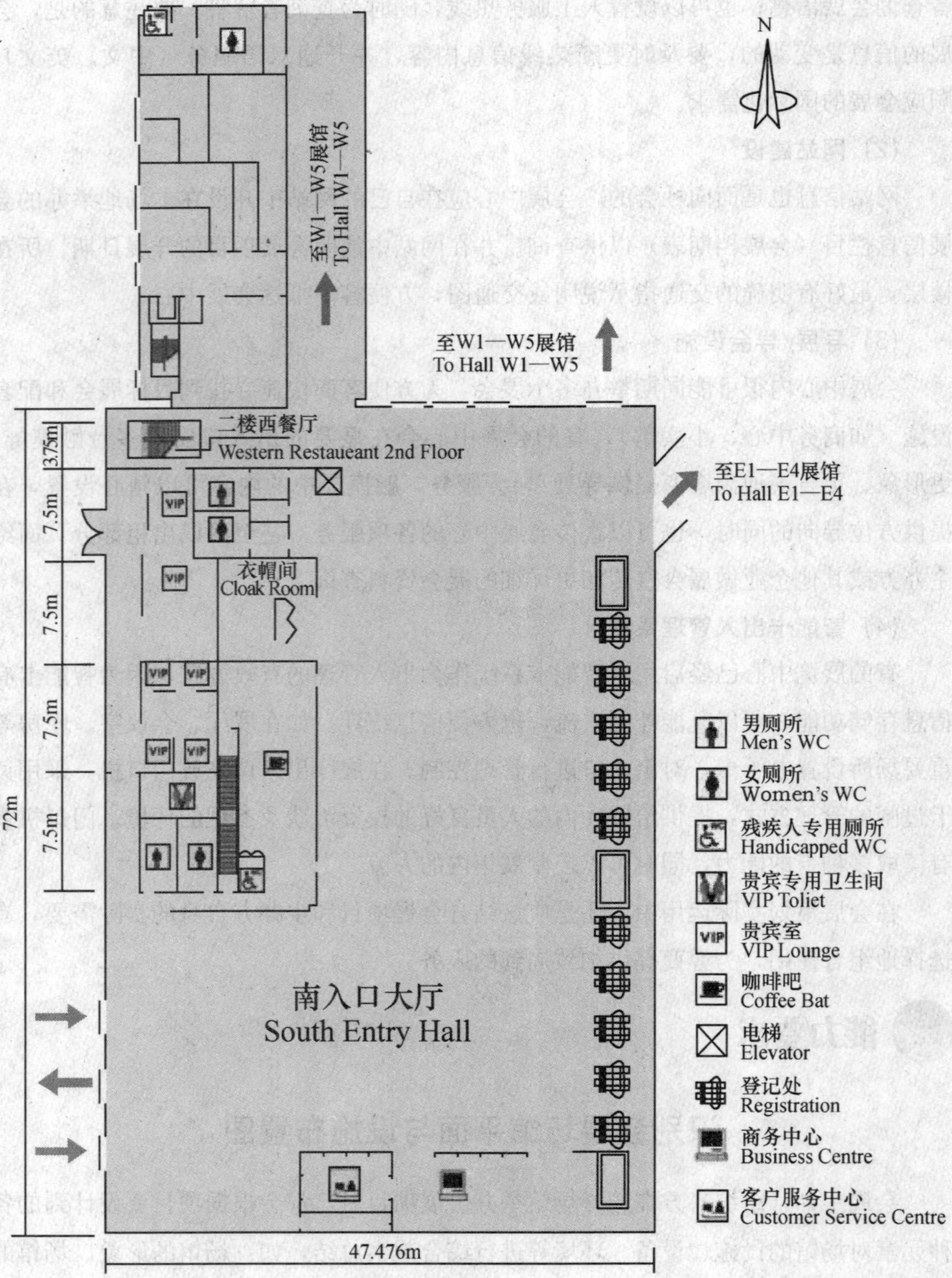

图 4—2　上海新国际博览中心（展馆）平面图

布置会场的视听设备

会议厅的容量、座位与舞台的安排都与视听设备之间产生直接的关系。因此在布置会场的视听设备时要将这些因素考虑进来，具体步骤如下：

步骤 1　分析视听设备的安排影响会议室座位的容量

如果根据视听设备来考虑会议室座位的话，那么其容量一定与原先介绍的容量不同。通常场地介绍的座位数量是以最大容量来计算的，并没有考虑到舞台或视听设备所需要的空间。估计视听器材所需要的空间，要先了解视听的两项原则，即 1.5 m 原则与 2∶8 原则。

1.5 m 原则：是从地面到银幕底层的距离为 1.5 m。

2∶8 原则：最佳的视觉范围是不近于 2 倍银幕的高度也不远于 8 倍银幕的高度。例如银幕高度为 4 m，那么第一排位子应该放在距离银幕 8 m 的地方，而最后一排位子不要远于距离银幕 32 m 的地方。

步骤 2　考虑座位安排对视听的影响

有些座位安排对视听产生良好效果，有些则相反。对视听最适合的座位安排是剧院型、教室型或马蹄型。椭圆型的座位安排无法使每一位清楚看到投影，某些人必须移动座位。圆桌型约有半数的人必须移动座位，有时候为了配合会后用餐来不及变换座位安排时，也可以利用圆桌型的座位安排。

步骤 3　进行会议场地视听设备的调查

会议场地视听设备的调查可分为下列三步：事前收集相关资料；现场实地勘察；事后汇总资料。

在实地勘察之前，先收集会议场地的相关资料，如简介、平面图与周边环境等，自行设计一张“审核清单”，并将所了解的部分详细列出来。事先要求会议场地提供视听设备的报价单，以便了解当地市场价格，如果可能再请教曾经使用这个会议场地的主办单位应该注意的事项。

实地勘察时，对于视听部分必须详细了解其设备状况，会议承办人及视听技术人员都应到现场询问，询问的内容越详细越好。询问的内容可以包括会议室是否可以录音、详细的平面图、是否有音效系统、质量如何、会议所使用的家具（如桌、椅、讲台、升降机）是否足够等。

事后再汇总所有资料，作出合理决策。

第2节 展会服务与管理

学习单元1 展会现场服务

学习目标

➢ 了解管理心理学的基础知识
➢ 掌握展览现场服务与管理的基本概念和相关要求
➢ 能够进行现场观众管理
➢ 能够进行现场咨询
➢ 能够进行观众投诉的接待和处理

知识要求

管理的第一要素是管人，即人本管理，也就是要根据人的心理和思想规律，通过尊重人、关心人、激励人来改善人际关系，充分发挥人的积极性和创造性，从而提高劳动和管理效率。

会展主办方（组织者）在每天的工作中需要和形形色色的人进行“心理上的较量”。在和别人打交道的过程中充分调动起周围一切的人力资源，让他们尽最大可能地为会展项目服务非常重要。这其中包括主办方企业的员工、上下级关系、同事、甚至客户。这时若能将管理心理学知识利用起来融会贯通，使之服务于会展项目的工作，对会展项目的发展具有重大的意义。

心理学是研究人的心理活动规律的科学，它为做好人本管理提供了科学依据。如果运用心理学的研究手段和成果，找到人类活动的客观规律，管理一定有好办法。如何使员工充分发挥自己的积极性和创造性，一直以来都是会展主办方项目管理的难题和研究重点。

心理学研究表明：人的行动是由思想支配的，思想动机是由需要引起的。人的每个行为都直接或间接、自觉或不自觉地为了满足某种需要。当需要得到满足，行为结束后，又会有新的需要产生新的动机，引起新的行为。因此，“需要”是人的积极性和主动性的根本动力。做好人本管理工作，首先就要研究和满足人的心理需要。

人的需要是多层次、多结构的。人们的现实需要主要包括：改善物质文化生活的需要、安全的需要、归属的需要、成就的需要、求知成才的需要、自我实现的需要等。以上这些需要，物质需要是前提和基础。因此，人本管理工作要重视人的物质需要，贯彻物质利益原则，这样才能从根本上调动人的积极性。贯彻物质利益原则，最主要的是要关心员工生活，从多方面满足他们的物质需要。管理者要时刻关心下属的工作、学习、生活环境，关心他们的工资、奖金、住房、医疗、保险等物质利益。要确立这样的认识，那就是管理工作一旦撇开了人们的物质需要，势必会软弱无力。

由于每个人所处的地位、职业、文化程度、社会关系等的不同，各类人员的需要表现出较大的差异。因此，管理工作者要善于观察人，了解人的需要，这样才能针对不同对象的特点，采取不同方法，在条件许可的情况下，尽量满足他们的合理需要，调动不同类型的人的工作积极性，真正做到人尽其才、才尽其力。同时，管理工作还应该通过分析具体人的具体需要来掌握人的行为的规律，以提高对可能出现的行为的预见性和控制力。

人由于先天素质、后天社会生活及所受教育的不同，他们的心理也各有特点。人的心理是复杂的，又是多变的，而且还具有锁闭性的特征，即心灵深处的东西往往不愿意轻易地暴露。因此，管理工作者只有了解和掌握了人的个性心理特征，才能做到“一把钥匙开一把锁”。会展主办方各阶层的管理者懂得一些心理学的理论，这样不仅可以使管理者更好地了解自己，完善自己，加强自我修养，而且可以更好地了解工作对象的个性差异，讲究审时度势、“量体裁衣”，使工作更有针对性和预见性，从而不断提高管理工作的有效性。

能力要求

对会展现场服务进行管理

会展现场服务是会展项目具体落实的直接反映，因而十分值得主办单位重视。同时，会展现场管理、控制和协调的内容十分庞杂，事无巨细，如果处理不当，任何一件小事都有可能发展成大问题。这便要求现场工作成员对会展项目相关事宜全盘了解，并能果断、公平地作出决策。主办方需要不断提高服务水平，用优质的服务来回报会展项目的各方参与人员。

1. 观众登记和入场管理

观众登记处的主要任务之一就是维护展览会入口处的良好秩序，确保每一位专业观众都能畅通、便捷地进入展览会现场。为了提高工作效率，绝大多数会展组织者都偏向于把预先登记的观众和现场注册的观众分开。有些展览会还进一步将现场注册的观众分成两类，即有名片的和无名片的，前者只需凭名片在观众登记处办好相关手续就可以换取胸卡，后者则要在主办方人员的指导下填写登记表，然后再到登记处办理手续。进行科学的观众登记，不仅能保证参观者迅速入场，还有利于会展主办单位日后建立营销数据库。由此可见，观众登记和入场管理的重要性。另外值得一提的是，为了观众消磨在登记处的等待时间，一些展览会的主办单位还在入口处设置了展览活动及论坛议程牌，这样无疑也便于观众（尤其是现场注册的观众）预先了解展览会的总体结构和主要活动安排。

2. 参展商管理

（1）展前

展前主办单位在推广会展项目的同时对参展企业进行宣传，在广泛派发的邀请函以及签约的网站上都添加了部分参展企业的名册。还编制含有参展企业名册的会展快讯，派发给专业观众、专业市场；又在展会的介绍网站上开辟了供求平台，参展商在展前、展中、展后都可以在网上注册，发布产品信息，买家可发布采购信息，为双方搭建买卖平台。

（2）展中

展中为展商提供增值服务，如专家现场答疑和各类研讨会，帮助企业解决生产管理中的难题；产销对接洽谈会，为买卖双方牵线搭桥，提升买卖双方的贸易成功率；新技术推介会，推介新技术供参展商学习引进。除此之外，还将举行参展知识培训会，对参展商进行“如何让展位更吸引人”“如何更方便撤展”“参展手续”等方面知识的培训，现场同时还安排专门人员协助展商进行报到、进馆等各项服务。

（3）展后

展后对参展企业及时走访，听取意见，使下一届的增值服务做得更完美，同时进行企业展后成果的跟踪报道，提高展会和企业的知名度。

3. 现场广告管理

在一次大型会展活动中，主办单位获取广告收入的渠道很多，如展览快讯、会展会刊、户外广告牌、气球、标语等，但无论采用什么样的广告载体，会展主办单位都必须制订明确、统一的广告政策，做到对所有参展商一视同仁。即使制订有相应的优惠措施，也应该让所有参展商都了解，而不应简单地根据参展企业的规模大小来决定是否给予其优惠。

4. 安全管理

会展现场的安全管理主要涉及三个方面，即火灾、卫生和盗窃。为此，会展主办单位需要和消防、卫生和公安等部门主动联系，积极争取这些部门的支持。以第十届上海国际汽车工业展览会为例，该展览会举办时正值 SARS 肆虐时期，在这种严峻的形势下，主办单位和卫生部门精诚合作，加强入口管理和现场卫生防范，终于成功渡过了难关。

5. 交通物流管理

对现场物流和交通的控制是展览活动全面控制的至关重要的部分，事实上，交通也属于物流的范畴，只不过这里的“交通”主要指现场的交通工具、停车场及线路的规划。对于大型会展活动而言，现场交通与物流管理的负责人至少应该掌握：一份相关联系人名录、场馆地图、展品抵达场馆的时间、现场交通规划草图、紧急情况应对计划、现场联络点（包括地点和志愿者）。

6. 餐饮管理

会展现场的餐饮服务，要根据会展主办单位和场馆之间所签订的协议内容而定。展览会主办单位在为参展商、观众以及所有工作人员提供现场餐饮服务时，一般采取以下两种方式：

（1）指定餐饮服务商

提到现场餐饮服务，绝大多数会展主办单位都倾向于指定一家餐饮代理商，负责供应展出期间的各项餐饮（包括各种快餐、自助餐、工作餐、冷热饮料等）。当然，场馆常设的餐饮服务设施也能提供一定服务。

（2）推荐场馆及周边餐饮设施

有时候，一些小型展览会的主办单位可能不负责现场餐饮（主要是午餐）问题，但事先都应向参展商和观众声明，并推荐场馆及周边的餐饮设施。

7. 证件管理

为了便于会展现场管理，同时出于统计的需要，会展主办单位一般对展览会实行证件管理，即拥有会展主办单位认可的证件才能进入场馆。通常来说，在一次展览会中，主办机构至少要印制 6 种证件，分别发放给参展商、专业观众、工作人员（包括主办机构、承办机构和协办机构的相关工作人员）、筹（撤）展人员、媒体记者及与会嘉宾（包括领导和演讲嘉宾）。另外，为了保证参展商、专业观众和嘉宾的停车位，场馆管理方还会使用停车证。主办机构必须加强对展览会证件尤其是门票的管理，否则很容易出现混乱的局面，从而影响展览会的安全和形象。还有一点需要指出，如果展览会拟出售门票，主办单位需要事先向税务部门报告，在征得同意后方可印制和出售门票。

8. 投诉的接待与处理

在会展活动举办过程中，不可避免地会存在个别参展商和专业观众对场馆现场管理、餐饮配套服务等表示不满，并向主办单位接待办公室提出投诉，有些则直接到问询处投诉，这时迫切需要有一个专门的机构来处理各种投诉。具体接待与处理方法如下：

（1）认真倾听参展商或观众的投诉

倾听是解决问题的前提。在倾听投诉的时候，不但要听他表达的内容，还要注意他的语调与语音（语气），这有助于了解参展商与观众语言背后的内在情绪。同时，要通过解释与澄清确保真正了解问题。在倾听的过程中，要认真做好记录（对方所要表达的意思一定不能理解有误），注意捕捉他们的投诉要点，为下一步对症调解打好基础。

（2）认同参展商与观众的感受

参展商与观众在投诉时会表现出烦恼、失望、泄气、发怒等各种情感，不应当把这些表现当作是对工作人员个人的不满。他们的情绪是完全有理由的，是理应得到最大的重视和最迅速、合理的解决的。所以应该让参展商与观众知道主办单位非常理解他们的心情，关心他们的问题。

（3）立即响应

解决参展商与观众投诉的关键是速度，速度体现了态度，一旦解决问题的时间被拖延，不论结果如何，参展商与观众都不会满意，而且拖得越久处理的代价越高。抚慰措施一定要迅速而有力，态度一定要诚恳和谦恭。调查及流转工作应快速进行，要根据所闻所记，及时弄清事情的来龙去脉，然后作出正确的判断，拟订解决方案，与有关部门取得联系，找出工作的薄弱环节，把握改进工作的机会。

(4) 持续反馈

如果在处理投诉的过程中牵涉的部门很多，难以迅速拿出最终的解决方案，参展商与观众等待的过程要长一些。最好的处理办法是持续反馈事情的最新进展，哪怕没有进展也要反馈，这样做可以让他们放心。所以在处理复杂的客户投诉时，一定要坚持至少每天反馈一次。

(5) 超越期望

不要弥补完过失，使参展商与观众的心理平衡后就草草收场，应当好好利用这一机会把投诉者转变成忠诚客户。当与他们就处理方案达成一致后，以超出他们预期的方式真诚道歉，同时再次感谢他们参加或来参观举办的展会。

9. 新闻管理

一般来说，国内 1 万平方米以上的展览会都会在现场设立新闻中心或新闻办公室，以便参展商和主办单位能及时发布各种信息。新闻中心的硬件设施和人员配备应根据会展规模等实际情况决定。另外，展览会主办单位往往会安排专门的新闻主管，负责统一发布展览会的官方信息，并接受媒体的采访；所委任的新闻主管必须善于言辞，举止落落大方，并十分熟悉展览会的相关情况。

10. 布展与撤展管理

布展工作一般在展览会开幕前几天举行，时间长短根据展览会的不同规模和主题而定。例如，大型汽车展或机械展往往需要近一个星期的时间，而消费品或珠宝首饰等主题的展览会通常只需要一两天的时间。对于主办单位而言，布展就是对展览会现场环境进行规划，对参展商、搭建商、运输商等的有关工作进行协调和管理，从而为展览会正式开幕做好准备的筹备阶段。

(1) 搭建展台之前

到工商、消防、公安和海关等部门报批和备案，并办理有关手续（对于有特殊需要的大型国际展览会，还应邀请这些部门现场办公），与指定搭建商和运输代理商共同讨论和预防展台搭建、展品运输过程中可能会出现的问题，安排餐饮、旅行等服务商，同时争取其他部门的支持。

（2）搭建展台期间

展位规划，在场馆的公共区域、标准摊位等地方铺设地毯，展商凭合同或参展申请回执等有效证明到现场报到，办理相关入场手续，并领取相关证件，派专人管理指定搭建商和特修搭建商的现场施工活动，避免出现现场混乱或存有安全隐患。对于海外参展展品，主办单位应陪同海关进行现场抽查，如果海外展品比例较大，可邀请海关现场办公，并进行现场安全保卫工作。当全部展位搭建完毕后，主办单位应陪同消防、安保部门进行全面检查，以便及时发现和处理安全隐患，及时收集和处理布展所产生的垃圾。

（3）撤展期间

拆除展台，参展商退还展具，处理展品。参展商向主办单位申请出门证，场馆保安人员检查放行，展场清洁。

11. 展品运输管理

会展是一个庞大的系统工程，从组展到展品运输、展台搭建，直到撤展，任何一环脱节，展会便无法顺利进行。在整个流程中，展品、宣传资料、展具、道具等相关设备的运输是一项重要工作，而且专业性很强。在实际工作中，会展主办单位往往会委托一家专业运输公司来负责展品运输工作。会展主办单位申请会展批文在海关备案时，会同时将运输代理在海关备案。主办单位委托某家运输公司，海关才受理此家公司的报关业务。一个国际展览会的参展商有海外参展商和国内参展商之分，其中，海外参展商通常由一些国际性的运输公司代理。

12. 酒店、旅游服务管理

协助预订酒店是会展主办单位为参展商提供的基本配套服务项目，因而一般的会展主办单位都会提供此项服务。概括而言，常见的酒店服务主要有：

（1）主办单位自行安排

一般说来，具体的操作方法是主办单位在寄发给参展商的《参展手册》或《服务指南》中附带一些酒店的基本情况介绍（包括酒店名称、地理位置、星级、价格等）和负责人的联系方式，然后由参展商自行决定是否需要预订。如果参展商需要此项预订服务，便可以将附带的酒店预订表填好后，传真或者发 E-mail 给指定的联系人。

（2）专业代理机构或旅行代理商

随着服务业的进一步分工，一些专业代理机构开始将大型会议和展览会作为公司的主要业务，如酒店预订网、会展商旅服务公司等。这些公司会主动与会展主办单位联系，并能够提供优惠的价格和专业服务。其基本程序为：会展主办单位指定一家旅游公司或专业代理机构，然后由他们为参展商和专业观众提供酒店、票务（代订、代送火车票或飞机票）、旅游和订车等服务。这些服务商一般会在会展现场设立接待台，为现场与会人员提供相关旅行咨询或预订服务。

在旅游服务上，会展主办单位一般都会指定一家旅游公司为大会的旅行代理商。这样，旅游公司可以利用自己的独特优势，并与目的地旅行社或管理公司合作，承揽相关旅行考察业务、协助预订酒店、协调活动中涉及的各级目的地、各部门的接待工作，保证参展商或专业观众旅行活动的顺利进行。

学习单元 2　展后的跟踪服务

学习目标

- 掌握展览后期跟踪服务的基本概念和相关要求
- 能够对展会进行初步评估

知识要求

1. 展后总结评估的含义和要求

展会评估是管理性质的工作，是展会整体运作管理中的一个重要环节，通过对展览环境、展览工作和展览效果等方面进行系统地、深入地评价和总结，来更深刻地了解展览环境，对已做工作作出客观、公正、真实的评价，为以后展览工作提高效率和效益提供经验和建议。

做好评估工作的前提是管理层的重视，要有所投入，包括人力、财力和精力的投入，并要做相应安排。具体如下：

评估要有系统性，将每一次展览工作作为一个整体评估，而不要将展览工作分割开，只评估其中一个或几个因素；评估要有连续性，要连续不断地评估每次展览工作，而不要偶然地形式主义地评估某一次展览工作；评估要有一致性，坚持使用一种评估方式和标准，而不要经常变换方式和标准；必须指定内部人员或委托外部专业人员实行，由专人负责评估总结工作。遵守这些原则将有助于提高评估总结工作的准确度和实用性。

2. 展会评估的目的与内容

(1) 展会评估的目的

通过对展会参展面积、参展商数量、观众人数等指标的考核，可以定量地认识展会的规模，从而树立自己的品牌展览，达到规范行业竞争的目的。具体而言包括：

1）为会展主办单位机构进行会展项目的可行性分析提供数据依据。

2）对会展项目的整体运作及其相关成果作出客观真实的评价，展示会展项目的优势，为项目招商提供基础数据的支撑。

3）对会展项目历年的相关会展数据进行纵向比较，分析其存在的问题、市场发展趋势及其未来的发展对策。

4）结合国内大型类似的相关会展活动进行横向对比，分析并借鉴其优势项目。

5）为将来会展项目的品牌建设提供支持。

同时，这些数据可以为场馆的出租提供背景资料，为主办方进行项目可行性分析提供数据依据，为参展商参展提供数据依据，为展览馆协会提供协会管理的基础数据。

(2) 展会评估的内容

评估内容包括宣传、设计、展品、行政、管理、工作态度、工作效率、工作效果、集体精神、服务意识等，通过评估确定哪方面需要加强、哪方面可以减弱。评估可以是来自各方面的：主办方自己的评估；参展者对主办方工作的评估（内容同上，但是参展者对主办方一般都给予好的和较好的评价。如果有较低的评价，应当认真了解）；观众（包括现有客户和潜在客户）对主办方、展馆/展台的评价；专家对主办方、展馆/展台的评价；政府部门、新闻媒体对主办方、展馆/展台的评价。

能力要求

对展会进行评估

展会评估工作的一般顺序如下：

1. 展前

展会主办单位制订展出目标，并向参展商提出要求，让其配合进行展会调研工作。

2. 展期内

展会主办单位采用多种方式，如碰头会；与政府部门、商会、协会、展览会等方面的专业人员交谈；对观众和展商进行调研；收集新闻及内部刊物的评价等。全面收集展会情况，并作出分析、比较，对展览工作和效果的进行近期评估。

3. 中期评估

中期评估工作可以由专业人员（信息人员、顾问人员）承担。每次展出都有后续工作，展出者在展览会都会结识不少客户，要把这种关系发展成为大笔买卖，还需要时间、需要做大量工作，这就是后续工作。近期评估只能反映展出工作的一部分价值，只有再进行中长期评估才能全面反映展出工作的全部价值。因此，应重视中期评估工作，安排相应的人力、财力开展这项工作。

4. 专业评估

专业评估是指展会主办单位委托专业公司做评估工作。专业评估的优势是无成见或偏见，专业化程度高，评估结果准确度高，但是费用也高。主办单位委托一些独立的专业会展咨询企业或行业协会来进行，这在评估的过程中和结论上保持了真实性、公正性，而他们提出的展会未来发展对策大多能对主办单位起到借鉴作用。展会主办单位则可根据每次评估的结论和建议，及时调整展会发展方向、运作管理方式等，扬长避短，来完善自己的展会品牌。此外，专业评估的内容还可以由委托人指定，如展览会的观众信息（观众的质量，兴趣范围，订货决策权、订货影响力等情况如何，有多少观众对此次的展品有兴趣）等。

5. 出具评估报告

评估报告可根据调研数据和信息类型分为曲线类分析报告、比例类分析报告、调查类分析报告，此外还包括专业角度的思考和建议，即从主办单位专业的角度出发，结合会展服务经验，对展览会收集到的信息进行价值评估，并作出合理的建议和咨询。

6. 评估应用

主办单位可将评估报告，用于以下几个方面：

（1）评估报告的部分内容转变成招展、招商材料，增加展会的说服力和吸引力。

（2）评估的结论结合展会主题产业的发展状况为下届展会项目的开展提供可行性分析，了解展会项目所处的生命周期。

（3）可提交政府有关机构申请相应的支持。

第3节　会议现场管理实务

学习单元1　会议环境的布置与检查

学习目标

➢掌握会议环境布置和检查的要求及方法

➢能够对小型会议环境的布置进行检查

知识要求

1. 会议室的总体要求

会议室是开会的场所，同时又是放置会议电视设备的场所，因此会议室的设计合理性决定了会议电视图像的质量，也直接影响了会议的效率。完整的视讯会议室规划设计除了可提供与会人员舒适的开会环境外，更重要的是逼真地反映现场（会场）的人物和景物，使与会者有一种临场感，以达到视觉与语言交换的良好效果，由会议室中传送的图像（包括人物、景物、图表、文字等）应当清晰可辨。

2. 会议室的类型、大小与环境

（1）会议室的类型

会议室的类型按会议的性质进行分类，一般分为公用会议室与专业性会议室。公用会议室是适应于对外开放的会议，如行政工作会议、商务会议等。这类会议室

内的设备比较完备，主要包括电视机、话筒、扬声器、受控摄像机、图文摄像机、辅助摄像机（景物摄像等），若会场较大，可配备投影电视机（以背投为佳）。专用性会议室主要提供学术研讨会、远程教学、医疗会诊，因此除上述公用会议室的设备外，可根据需要增加供教学、学术用的设备，如白板、录像机、传真机、打印机等。

（2）会议室的大小

会议室的大小与电视会议设备、参加人员数目有关。可根据会议通常所参加的人数多少，在扣除第一排座位到主席台后的显示设备的距离外，按每人 2 m^2 的占用空间来考虑，甚至可放宽到每人占用 2.5 m^2 的空间来考虑。天花板高度应大于 3 m。

（3）会议室的环境

会议室内的温度、湿度应适宜，通常考虑为 18～25℃的室温，60%～80%湿度较合理。为保证室内的合适温度、合适湿度，会议室内可安装空调系统，以达到加热、加湿、制冷、去湿、换气的功能。会议室要求空气新鲜，每人每时换气量不小于 18 m^3。会议室的环境噪声级要求为 40 dB（A），以形成良好的开会环境。若室内噪声大，就会大大影响音频系统的性能。

3. 会议室的布局、照度、音响效果

（1）会议室的布局

会议室除了规定要求的布局必须严格执行外，可适当灵活布置。如图 4—3 所示是一个比较典型的会议室的布置图。

整个会议室的显示设备分为两个部分，一个是主席台后的投影（或背投电视），它负责为与会代表提供本会场和另一会场的图像显示，一个是主席台前的 4 台电视，它们分为两组，负责为主席台领导显示本会场图像和另一会场图像。

图像采集设备也分为两组，主摄像机安装在会场中央，实时采集主席台图像；另一组全景摄像机安装在会议室右前部，对会场全景进行拍摄。两组摄像机均为受控摄像机，可由会议电视设备进行控制。

扬声器在会议室的前后各安装一对，为了获得更好的声音效果，要求距墙壁和电视机至少 1 m。

影响画面质量的另一因素，是会场四周的景物和颜色，以及桌椅的色调。一般忌用“白色”“黑色”之类的色调，这两种颜色对人物摄像将产生“反光”及“夺光”的不良效应。所以无论墙壁四周、桌椅均采用浅色色调较适宜，如墙壁四周为

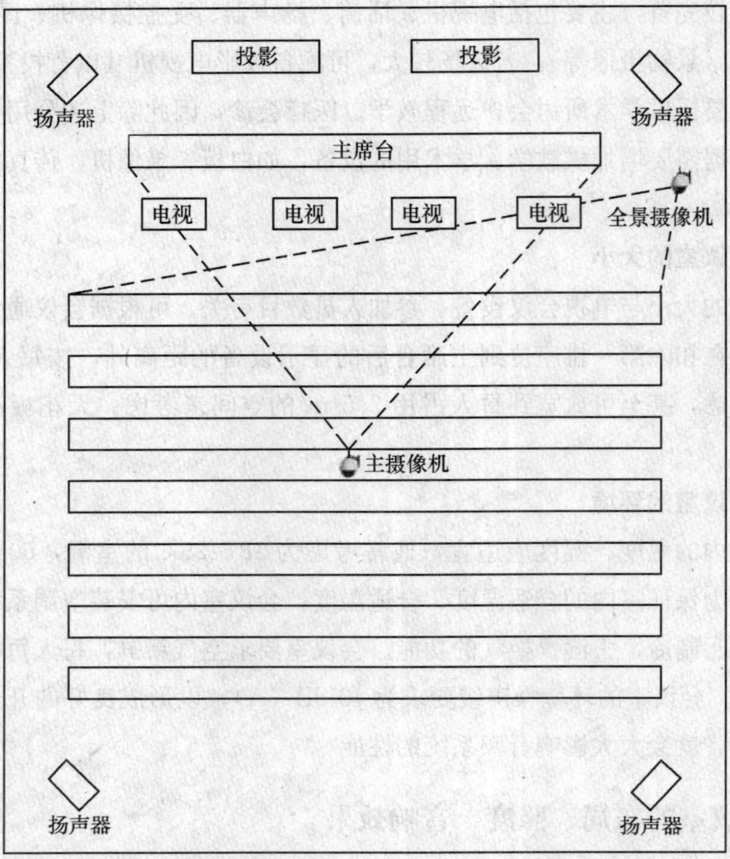

图 4—3　会议室布置图

米黄色、浅绿，桌椅浅咖啡色等，南方宜用冷色，北方宜用暖色，使所提供的视频电平近似 0.35 V。

摄像背景（被摄人物背后的墙）不宜挂有山水等景物，否则将增加摄像对象的信息量，不利于图像质量的提高。可以考虑在室内摆放花卉盆景等清雅物品，增加会议室整体高雅、活泼、融洽的气氛，对促进会议效果很有帮助。

从观看效果来看，监视器的布局常放置在相对于与会者中心的位置，距地高度大约 1 m 左右，人与监视器的距离大约为 4～6 倍屏幕高度。各与会者到监视器的水平视角应不大于 60°。所采用的监视器屏幕的大小，应根据会议电视的数据速率、参加会议的人数、会议室的大小等几方面的因素而定。对小型会议室，只需采用 29 寸至 34 寸的监视器即可，或者大会议室中的某一局部区采用；大型会议室应以投影电视机为主，都采用背投式，可酌情选择电视机的大小，最好将电视机置于会议室最前面正对人的地方。

（2）会议室照度

灯光照度是会议室的基本必要条件。摄像机均有自动彩色均衡电路，能够提供真正自然的色彩，从窗户射入的光（色温约 5 800 K）比日光灯（3 500 K）或三基色灯（3 200 K）偏高，如室内有这两种光源（自然及人工光源），就会产生有蓝色投射和红色阴影区域的视频图像。通常召开会议的时间是随机的，上午、下午的自然光源照度与色温均不一样。因此会议室应避免采用自然光源，而应采用人工光源，所有窗户都应用深色窗帘遮挡。在使用人工光源时，应选择冷光源，诸如“三基色灯”（R、G、B）效果最佳。避免使用热光源，如高照度的碘钨灯等。

会议室的照度，对于摄像区，诸如人的脸部应为 500 Lux，为防止脸部光线不均匀（眼部鼻子和全面下阴影）三基色灯应旋转适当的位置，这在会议电视安装时调试确定。对于监视器及投影电视机，它们周围的照度不能高于 80 Lux，在 50～80 Lux 之间，否则将影响观看效果。为了确保文件、图表的字迹清晰，对文件图表区域的照度应不大于 700 Lux，而主席区应控制在 800 Lux 左右。

（3）会议室的音响效果

为保证声绝缘与吸声效果，室内铺有地毯、天花板、四周墙壁内都装有隔音毯，窗户应采用双层玻璃，进出门口应考虑隔音装置。

根据声学技术要求，一定容积的会议室有一定混响时间的要求。一般来说，混响的时间过短，则声音枯燥发干；混响时间过长，声音又混淆不清。因此，不同的会议室都有其最佳的混响时间，如混响时间合适则能美化发言人的声音，掩盖噪声，增加会议的效果。

4. 会议室供电系统

为保证会议室供电系统的安全可靠，以减少经电源途径带来的电气串扰，应采用三套供电系统。第一套供电系统作为会议室照明供电；第二套供电系统作为整个终端设备、控制室设备的供电，并采用不中断电源系统（UPS）；第三套供电系统用于空调等设备的供电。

接地是电源系统中比较重要的问题。控制室或机房、会议室所需的地线，宜在控制室或机房设置的接地总线上引接。如果是单独设置接地体，接地电阻不应大于 4 W；设置单独接地体有困难时，也可与其他接地系统合用接地体，接地电阻不应大于 0.3 W。必须强调的是，采用联合接地的方式，保护地线必须采用三相五线制中的第五根线，与交流电流的零线必须严格分开，否则零线不平衡会导致电源对图像产生严重的干扰。

5. 会议室环境布置的方案

会议室环境布置方案见表 4—2。

表 4—2　　会议室环境布置的方案

布置方案	说明
礼堂式	面向房间前方摆放一排排座椅，中间留有较宽的过道。在留有过道的情况下，最大限度地摆放座椅；观众没有地方放资料，也没有桌子可用来记笔记
教室式	房间内将桌椅安排端正摆放或成“V”形摆放，按教室式布置房间根据桌子的大小而有所不同。可针对房间面积和观众人数在安排布置上有一定的灵活性
弦月式	房间内放置一些圆形或椭圆形桌子，椅子只放在桌子的一面，以便所有观众都面向屋子的前方
方形中空式	桌子摆成方形中空，不留缺口。椅子摆在桌子外围
马蹄形或“U”形	将桌子连接着摆放成长方形，但空出一个短边。椅子摆在桌子外围也可以内外都摆放

能力要求

能对小型会议环境的布置进行检查

在举办会议前对会议室进行各项检查，主要是软硬件服务上的检查。采取的检查步骤如下：

步骤 1　硬件服务方面的检查

在会议举办的前期，全面检查会议室配备的各项会议设备，如视频设备、音频设备等是否能正常工作，会议桌椅等是否充足齐全。如发现问题，尽快通知相关专业人员进行维修调试。

步骤 2　软件服务方面的检查

会议室内的设施，必须进行造册登记、相关负责人要不定时对会议室进行检查，发现问题及时处理，保证会议室能随到随用。同时会议室应派专人管理、有清洁员每天进行保洁工作，以保证会议室有清洁、舒适的会议环境。会议室每次使用完毕后或会议结束后，管理员必须及时安排保洁工作并检查所有设施是否齐全，若发现丢失或损坏应及时向办公室负责人报告并作出相应处理。离开时，必须关好空调、电灯等。最后关闭总电源，锁好门窗。

学习单元 2　会展信息资料的印刷与制作

学习目标

➢了解会展信息资料的采集和制作要求

➢能够编写设计并制作会展宣传资料

能力要求

会展宣传资料的编写设计与制作

步骤 1　宣传资料的构思

（1）构思路线

着手编写会展宣传资料时，首先要进行构思：站在什么角度去编写，从哪些方面着手，要突出会展项目的什么特点等。无论是编写制作印刷宣传品、幻灯片、光盘等，其构思要遵循以下三大路线：

1）国际路线。会展宣传资料的编写、设计和制作，要与国际惯例一致。具体地讲：内容上，多谈与会展项目有关的内容；包装上，要规范、大气，不搞特殊化；设计上，要有本项目的特色，但又不违背一般国际惯例。

2）形象路线。会展宣传资料是用于对外发送和传播的，通过不同的方式和不同的渠道，可以传给不同国家和地区的不同层次的参展商、观众或相关的人员。因此，要善于把握一切机会利用宣传资料推销会展主办机构的形象，时时处处宣传企业形象。从名片、乃至提供的任何一份文字资料，每一页、每一个卡片都有企业的名称和标志，甚至用的笔、公文包以及领带、帽子、服装等物品，也都有企业形象的标志。这其实是一种形象意识。

3）实用路线。无论哪一种会展宣传资料，其目的是要便于参展商、观众或相关人员的使用。因此，构思时，要在“实”和“用”两个字上做文章。所谓“实”，即“真实”，形象真实、信息真实、内容真实，不搞不切实际的夸张。招商宣传资料的编写要讲究创意，但不能让人不知所云，一定要从参展商、观众的角度出发，考虑他方的需求，传达准确的信息。展示一个会展项目的真实形象，提供一些参展商与观众最需要了解的内容，如展会规模、展会特色等。

（2）构思原则

1）目的明确。编写宣传资料时，首先要明确几个问题：这样的宣传资料是侧重展会招展还是介绍展会基本情况，是侧重观众组织还是新闻媒介的大众传播。总之，一定要明确编写宣传资料要达到的目的，希望解决的问题。

2）针对性强。宣传资料的种类很多，各有各的优缺点，因此，不可能面面俱到，要在内容上和对象上有针对性。首先，内容要有针对性，确定以哪方面的内容为主。其次，宣传对象要有针对性，要清楚重点是为哪个层次的对象服务，不能搞“一刀切”，以免被认为没有分量、不够专业。

3）形式新颖。会展宣传资料必须在内容和形式上下工夫。形式要新颖，要有特色，也要符合国际款式。目前，我国很多会展企业的对外宣传、招展资料上，采用了中西结合的方式，富有时代性和民族特色。

4）美观大方。宣传资料要在“美”字上下工夫。要做到：文字描述美、图像美、设计美、包装美。无论大小宣传资料都要给人以美感，让人肯看、耐看，百看不厌，甚至视为珍品，不忍随手抛弃。

5）创意灵活。会展宣传资料编写人员一定要找准自身会展项目的宣传“热点”和“优势”，进行创新、加工，组合成新产品。切忌随便拿一本过去的宣传资料改装了事，更不能取一本其他会展项目的宣传资料，生搬硬套，造出不伦不类的“产品”来。

步骤 2　宣传资料内容的编写

宣传资料的内容因其种类不同而各有不同。简单地讲，印刷宣传品、幻灯片、录像带和光盘，其内容是各有侧重的。但不管哪种类型，其首要目的是要向投资者传达本区域的信息。因此，编写宣传资料，应严格遵照真、准、新的原则。

（1）信息真实

宣传资料提供的会展信息、数据要真实，不能弄虚作假，不能任意夸张，可做适当的渲染，但不能太离谱。讲究“真”，是宣传资料内容的第一要求。

（2）内容准确

信息不但要真实，同时还要准确。对各种数字特别是展会成交金额、观众数据统计等要力求准确，文字表达要清楚明了，不能含含糊糊，要把真实而准确的信息传达给展商与观众。

（3）定期更新

编写宣传资料，要定期选择主办机构会展项目的最新信息，对宣传资料进行更新，这样才能反映展会的最新发展动态。比如，根据会展项目的进展，定期编写展会动态指南，同时电子邮件或者传真的方式发送给展商与专业观众等。

步骤 3　宣传资料的写作手法

宣传资料的内容确定后，就要考虑以什么手法去表现。可以借鉴的表现手法有：

（1）文字表达要朴实自然

现在，东南亚国家和港澳台地区的中文会展宣传资料，其写作手法正趋向使用朴实的文字，令人感到真实可信。相反，国内有些地域和企业的宣传资料，仍是充满官方口吻，领导味十足，口号感特别强，读起来总让人觉得自吹自擂，使人产生不可信的念头。因此，宣传资料的文字表达形式十分重要，建议让一些既懂国际惯例又有较好文笔的人担当此任。

（2）翻译水平要高

国际性会展项目的宣传资料目前都要采用中英文对照或全部采用英文，因此，英文翻译要下工夫。要能做到“形”像“神”似，原汁原味不走样。否则，就算中文表达再好，如果英文翻译得生硬，甚至错误百出，也起不到应有的效果。所以，英文翻译要找专业人士，力求做到准确无误，表达流畅，符合原文含义，体现英文特点。

（3）层次要清晰

宣传资料要讲究条理和层次，让人容易看明白。在写作上，要划分句、段，注意归类描述。比如展览会的宣传资料可按展览会性质、目的、内容、规模、特点、参展商、往届回顾、主办单位有关情况等进行划分层次。

同时宣传资料的写作还要注意以下几个问题：文字表达要规范；文字表达忌晦涩生硬；结构上忌头重脚轻。

（4）写作手法要新颖别致

招商宣传资料的写作手法可根据会展项目的具体情况进行一定的创新，总之，在遵循国际惯例的大前提下，宣传资料的写作方法要新颖别致，充满活力。

步骤 4　宣传资料的图像处理

宣传资料要求图文并茂。图像百观，可形象地反映一个会展项目的形象和特点。在一般情况下，会展宣传资料的图像包括两个部分：一是照片和图片，二是录像，现分别对其进行分析。

（1）照片和图片

通常主要用于印刷品和幻灯片中，印刷品中多起辅助作用，幻灯片中多起主导作用，但也有例外，有些会展印刷宣传品就曾采用以图片为主的形式。总之，可根据需要具体对待。照片的选择要有针对性和目的性，可以做局部取合和调整，但不能以偏概全。可以美化处理，但不能太夸张。

图片可以是实测图片，也可以是示意图，一般情况下要作出说明。如果是实测图，一定要有比例尺，要准确无误。图片中的地点或要强调的内容可做些夸张，以引起读者注意。

不管是图片还是照片，在使用时要注意以下事项：

一忌模糊不清。图片和照片的线条、文字一定要清晰，不能模糊，令人视而不清。否则，就失去了应有的意义。

二忌图文不对应。一般情况要对图片和照片配些简练的文字说明，这些说明一定要准确无误，千万不能文不对图或张冠李戴，令读者不得其解。

（2）录像

在录像带和光盘中，常常要用录像来反映会展项目的形象和特征，录像形象生动，更有说服力。在录像的处理上，应本着以下几个原则：

1）写实为主。录像主要以实物实景为素材，经过摄像、剪辑处理，加上配音，便可使用。有时也要采取些艺术手法做处理，但不要过多，要以写实为主。

2）突出重点。录像也不能面面俱到，要有选择，有重点，既要写实，又要有所突出。

3）要有主题。摄制录像前，一定要先做好脚本，要有主题，围绕主题去选材。有了素材，再围绕主题编解说词，使录像能够连贯起来。

4）清晰明白。录像画面要清晰，不能模糊，也不能一闪而过；解说词也要清楚明白，速度适中，声音悦耳，增强录像的美感，以收到明显的效果。

步骤5　宣传资料的设计与包装

宣传资料的设计与包装（制作），一般要由美术设计人员来完成。但设计思想和风格，可以共同探讨。下面简要说一下宣传资料设计与包装中应注意的几个问题。

（1）宣传资料的设计

1）设计要有创意。好的宣传资料，必须有好的设计创意。具体来讲，设计思想要与内容相吻合，能体现会展项目中的某一因素，立意新、原创性强，不模仿其他宣传资料，设计内涵深刻、清晰、独特，具有很强的现代感。

2）设计要有个性。会展宣传资料要体现其特色，设计是关键。因此，重视宣传资料的设计，就要请专业设计人员去从事这项工作。

3）设计要有美感。好的设计，应给人一种美感。无论怎么创新，都要讲究美感。例如，对于光盘这样的大信息资料，力求每个画面都要精心设计，力求画面美观、友好，让人们乐于查询使用。

4）设计要规范。宣传资料设计要讲究规范，即体现简洁、明快、大方、典雅等特点，而不提倡那种复杂的、花里胡哨的、让人不知所云的“创意”设计。

（2）宣传资料的包装

宣传资料的制作要与设计相吻合，高水平设计要有高质量制作，大手笔设计要有大制作。如果设计水平低，包装却极为奢华，不免让人产生不搭调、不协调的感觉。因此，好的包装，必须要以好的设计为前提。相反，如果设计水平很高，而制作却偷工减料或粗制滥造，也会让人丧失信心。所以说，设计与包装是相辅相成的。

好的设计包装应具备以下特点：

1）大气。大气即大大方方，大气派，大气势。

2）精品。无论宣传资料内容信息多少，包装上都要树立精品意识。哪怕一张纸、一个卡片都要精心设计，细心包装，让投资者爱不释手，从而对该会展区域或项目产生兴趣，充满投资信心。

3）有档次。宣传品的制作好坏，是可以分出档次的。好的设计，就要求高档次包装。因此，在宣传品包装上，要舍得投入。

学习单元 3　会议接待与宴请管理

学习目标

- 了解会议和宴请的接待礼仪及其要求
- 能够进行会议的接待管理
- 能够进行宴请的服务管理

能力要求

进行国际小型交流会议的接待管理

步骤 1　进行接待准备工作

（1）详细了解有关情况

要做好接待工作，事先应详细了解接待对象的有关情况，如抵达的具体时间及地点；乘坐的交通工具和行走路线；来宾的姓名、身份、性别、年龄、生活习惯、宗教信仰、饮食爱好与禁忌等。

（2）拟订周密的接待计划

接待计划要根据来宾的身份、愿望等决定安排相应的礼仪活动、礼仪规模以及由哪些领导人出席等。接待计划要完整周密，定目的、定要求、定时间、定地点、定内容、定部门和定人员，分工和责任要明确。

（3）充分做好接待准备

对参加接待的人员要有针对性的强化业务知识培训，备齐接待必需物品，仔细检查活动场所、行车线路、交通工具等。特别是接待考察团队时，应选择较宽畅、便利、整洁的大道，考察地点要悬挂欢迎横幅，必要时可派遣警车开道。

步骤 2　迎接宾客

（1）确定迎接规格

迎宾仪式是国际交往中的一种社交礼节。确定迎接规格，主要依据来宾的身份、目的和以往的关系来综合平衡。一般情况下，出面迎接的人要与来宾身份相当。

（2）准确掌握抵达时间

负责接待的迎宾人员须提前到达来宾到达的机场、车站、码头或来宾下榻的宾馆大门口迎接。

（3）献花与介绍

按照一般惯例，常由儿童或女青年在参加迎接的主要领导人与宾客握手后献上鲜花花束。宾主见面握手之后的相互介绍，一般是由礼宾交际人员或由欢迎人员中身份最高者作介绍。

（4）陪车

如果主人陪同乘车，应请来宾坐在主人的右侧。如乘坐的是两排座位轿车，译员应坐在司机旁边；如果是三排座位，译员应坐在主人前面的加座上。

步骤 3 安排与会人员的会见、会谈

(1) 会见

会见通常安排在会客厅或办公室，来宾坐在主人的右边一侧，主宾席紧靠主人席，译员、记录员安排坐在主人和主宾的后面。主方陪见人员在主人左边一侧按身份高低依次就座。如座位不够，可在后排加座。

(2) 会谈

会谈通常用长方形、椭圆形或圆形桌子，宾主相对而坐，以正门为准，主人占背门一侧，来宾面向正门，双方主谈人居中，译员安排在主谈人右侧，其他人按礼宾顺序左右排列，记录员可安排在后面。

如果会谈长桌一端朝向正门，则以入门方向为准，右边为客方，左边为主方。

(3) 会见、会谈中的注意事项

1) 会见应事先提出要求，将会见人的姓名、职务以及要求会见何人、会见的目的告之对方。接见方尽早给予明确答复，主动将会见或会谈的时间、地点、主方出席人、具体安排事项等及时通知对方。

2) 会议组织者准确掌握会见或会谈的时间、地点和双方参加人员的名录，及早通知有关部门做好相应的准备。

3) 合影一般安排在宾主见面握手之后，合影完毕再入座。合影时主人和主宾居中，其余人员按照礼宾次序，主、客双方间隔排列。一般情况下，两端均由主方人员把边。

4) 来宾到达时，主人在门口迎候，位置可在房屋正门，也可在会客厅门口。会见结束时，主人应送客至门前握手告别，目送客人离去。

5) 会见或会谈时，一般只备茶水和软性饮料。必要时可放置水果、小毛巾、纸、笔等。

6) 重要领导人之间的会见和会谈，除陪见人和必要的译员、记录员外，其他均应退出。在会见或会谈过程中，旁人不得随意进出。

进行宴请的服务管理

步骤 1 宴请准备

按照标准的宴请程序，应事先做一份详尽完整的方案，这样当企业一旦需要兴办宴请活动时，第一时间就会出现一个现成的模式，使宴请组织人员能根据宴请的规模、标准、内容进行调整，迅速整合出相应的准备方案。

宴请方案流程详见表 4—3。

表 4—3　　宴请的方案流程

方案流程	说明
确定宴请规格	正式或非正式，特殊宴请或一般宴请
确定宴请标准	根据对方的重要性，决定费用
确定宴请时间	公务性的宴请安排在白天，商务性的宴请安排在晚上
确定宴请地点	从氛围营造考虑，不同的地点会有不同的效果
确定宴请形式	是早茶，还是晚宴；是自助餐，还是酒席
确定宴请对象	既有主人和主宾，还有陪同的相关人员等
确定菜谱	菜谱讲究色香味俱全、荤素搭配合理、菜名吉祥、主菜价值高贵。即使是普通的宴请，点菜都得重视客人的口味与忌讳或宗教习俗，如佛教用素斋，伊斯兰教忌吃猪肉，印度教忌牛肉，天主教星期五不吃肉类等。正式宴会的菜谱应请上司确认后打字或书写，放置在宴席桌上以示对来宾的尊重
确定席次	席次是一种社交规矩，其排列原则是男女主人对坐桌椅两端，男女宾客间隔而坐，夫妇分开，左为下，右为上，左为男，右为女，插花坐。如果非正式宴会则以面门方向为准，主人坐左侧，主宾坐右侧，一种是主宾插花坐，一种是主宾分列坐。正式宴会应备席次卡，卡中间虚线折叠，里外两边均书写姓名，既便于其寻找自己座位，又便于他人知道其姓名

方案的制订和落实并非能够十全十美，当宴请组织人员在头脑中迅速整合方案时，还有可能会忽略了一些重要的细节，因此，为了提高准确性和有效性，工作人员还应该在方案确定后，全面地来考量方案，其做法是将所有涉及到的方面和有可能出现的问题以及需要切实落实的事项，全部进行细分，然后按其性质，归类罗列出来，这些细节包括：

• 有多少人参加宴请？男女比例如何？谁决定？

• 场地是否已落实？使用时间是否明确？谁负责？

• 场地布置有否特殊要求？费用由谁支付？什么时间必须布置完毕？谁检查确认？

• 是否在所有餐桌上放置席位卡或装饰物？如果有此必要，谁提供？谁负责？

• 宴请的标准由谁制订？费用由谁承担？怎样支付？谁负责结账？

• 菜谱由谁选择并确认？是否物有所值？是否合乎对方的饮食习惯和口味？对方是否有什么忌讳？谁负责？

• 酒水饮料是否落实？谁负责？是否有人需要特殊饮食和饮料甚至特别关照？谁负责？

• 招待员是否全部安排落实？由谁安排？由谁负责管理？

• 需要播放一些与气氛相合的音乐吗？谁负责？

• 是否需要一个主桌？怎么安排？其他座席安排和席位卡是否需要？如需要，由谁负责？

• 是否安放签到桌和签到本？谁负责？

• 由谁负责门口的接待工作？要求如何？程序如何？

• 上司是否有特别的提示和要求，如发言稿？

• 是否设衣物寄存处？寄存处与洗手间是否有专人负责？

• 来宾的司机如何安排？由谁负责？车辆如何安排停放？司机接待标准多少？

• 宴请过程中如发生意外由谁负责解决？比如客人酒醉呕吐，比如菜肴或饮料打翻在地等，由谁予以处理？

• 谁负责餐桌摆设及准备一切必要物品？

• 重要客人分别由谁接待与陪同？

• 宴请结束后由谁负责清场？

当上述这些细节都得到妥善处理时，工作人员还应给予有效的确认，也就是说，在宴请前两天，通过电话或例会，了解一切是否按计划执行，检查落实情况，对临时发生的变化立即给予调整与完善。

如有必要，重大宴会应采用项目管理模型，以倒计时方式，将所有准备内容画一张表，逐项明确时限、要求、负责人、完成进度，并张贴出来，让所有有关人员能清醒地意识和给予配合，确保活动的如期正常进行。

步骤 2　确立宴请形式

根据宴请内容进行选择，礼节性的宴请采用宴会形式比较合适，庆祝性、纪念性、娱乐性的则以冷餐会或酒会形式为主，商量要事的则以工作餐形式最为恰当。不同的宴请形式有各自不同的做法，详见表 4—4。

表 4—4　宴请的形式

宴请形式	说明
工作餐	以谈论工作为目的，边吃边谈，一日三餐都可以以这种非正式宴请方式举行
午宴	较多用于日常应酬，通常在 12 时至下午 2 时举行，场地和程序、规格都比较郑重
茶会	通常在下午 4 时以后进行，以茶和咖啡为主，另有果汁点心等，适宜庆祝生日或节日等，是欧美国家比较常用的宴请聚会方式，由于规模不大，基本由女主人主持操办，用在商务活动中，茶会显得温馨高雅，富有家庭气氛
冷餐会、自助餐	不拘形式，不排座次，宾客可自由取食进餐，气氛融洽，便于更多地沟通与交流，适用于商务庆典

续表

宴请形式	说明
酒会	一般在下午4时至8时举行，备有各种酒类和小食品，邀请方式以请柬为主，请柬上注明时间。酒会又称为鸡尾酒会，指各种调制酒品种繁多，比较有情趣。酒会的特点是不设座席，主客可随意走动，不受拘束，到场和退席均可随意
野餐	在室外举行，主要采用烧烤食品方式，气氛轻松活泼、很有乐趣，适合团队休闲娱乐及商务性度假
晚宴	晚宴是所有宴请形式中最为隆重和正规的形式，通常作为重要的商务社交活动，讲究排场和程序，时间一般在下午6时至9时举行，安排在正式场合并且邀请主客双方的夫人共同参加
早茶	早茶是中国人商务应酬的一种简单随和的方式，在中国南方地区，很多生意上的事往往就是在早茶中谈妥的，因为随意，交谈时没有什么压力，沟通也容易得多
宵夜	在中国，称宵夜为吃夜宵，形式比早茶更随便，主要用于联络感情。但在欧美国家，宵夜是非常正式的活动，主要安排在音乐会后举行，有丰盛佳肴，与晚宴不相上下

步骤3　宴请邀请

凡是正式宴请，都应该发送请柬，这既是礼节，也能对被邀请者起提醒与备忘的作用。请柬应注明邀请人姓名、被邀请人姓名、尊贵的称呼、宴请的方式及时间地点、着装要求或提示等。

请柬应提前1～2周发出，以便被邀请人及早安排时间。需要安排座次的宴请必须在请柬上注明要求被邀请人答复能否出席，正式宴会在请柬上注明席次号。

非正式的宴请通常只需口头打个招呼，在得到对方明确首肯后进行。

步骤4　明确宴请程序

非正式宴请一般无需讲究程序，只要双方能彼此认可就行。正式宴请在国际惯例中一般有以下几个程序：迎接、小憩、开宴、致辞、宴会、告辞。

（1）迎接

视宴请规格和来宾的重要性，如属社交宴请，作为主人的主办方应在门口迎接来宾，作为助手的工作人员则陪伴在其身后，协助其应酬与引领。如属商务宴请，主办方一般在宴会厅与来宾寒暄，而相关工作人员则作为主持人，站在门口迎候和招呼来宾。

（2）小憩

迎接到来宾后，相互握手互致问候，由工作人员将来宾引至休息厅，休息厅内应有招待员照顾来宾，或由其他接待人员陪同聊天，待主宾到达后，由工作人员陪同与其他来宾见面打招呼。

（3）开宴

等预定时间一到而主宾也已到齐时就可以开宴了。开宴时最需要注意来宾的落座。如果事先已经安放了座位卡，也需要引座，服务人员为其他来宾引座，如果没有安放座位卡则需要有秩序地引领来宾们入席，先主后次，一批一批地领到座位上。通常，主办方领导陪同主宾进入宴会厅后，先在主桌入座，全体人员陆续入座，也可以等主桌以外的来宾都已坐定，主桌人员最后入座。

（4）致辞

宴会开始应有仪式，通常由主办方代表作为主持人宣布宴会开始，并介绍主办方的主要领导或主人，介绍主宾。主持宴会时应面带微笑，端庄大方。工作人员不仅要对每位来宾都彬彬有礼，而且要留心记住对方的姓名，不论身份高低一律一视同仁，不让任何人受到冷落，同时还要对现场全局有效把握，头脑冷静地留神关注细节问题，自始至终调节好场上气氛。

非正式宴请通常由主客双方代表以敬酒方式简单寒暄几句即开始就餐，正式宴会则会由主宾双方重要人物发表讲话。按照国际惯例，简单几句致辞后，大家先彼此敬酒与用餐，再安排正式讲话，主人先讲，主宾后讲，也可安排即席发言。

（5）宴会

致辞结束，来宾们开始用餐，在餐桌上相互交叉碰杯，联络感情。

（6）告辞

宴请结束，工作人员的首要任务是陪同领导一一送别客人，位置在宴请场所的门口。内部清场及其他收尾工作，应事先安排他人负责落实。送别来宾要避免出现明显的厚此薄彼现象，但对重要来宾，仍需特别关照，有始有终。

注意事项

1. 涉外宴请要求较严格，必须按国际惯例去做，比如选择宴请时间时要注意不选在重大的节假日或对方有重要活动或禁忌的时间，确定时间最好事先能征询客人的意见，千万不要按传统习惯，认为自己确定了宴请的时间后再通知来宾才显得真诚礼貌，对习惯国际惯例的人士来说，这是失礼的。

2. 要注意到菜谱和所上菜的配料是否适宜。比如在宴请西方人士时不要食用各种宠物和珍稀动物，菜谱上当然也不要用以动物命名的菜。对于大多数希望了解中国饮食文化的外宾来说，品尝各地的土产品和独特风味比任何高档菜肴都更有吸引力。除了菜肴，还有饮料的问题，一般说，要尽量用酒精含量较低的酒，而像“茅台”这样的烈酒只有在比较特殊的场合才使用。对伊斯兰教徒来说，甚至不能用含有任何酒精的饮料。当宴会的一切都准备好后，应该印制或打印几份或为每一位来宾准备一份无异味的、版面整洁美观的菜单（能有中外文对照最好）以方便客人。

思　考　题

1. 会场场馆的公共设施通常有哪些？
2. 简述会展现场观众登记的方法。
3. 如何处理会展现场的观众投诉？
4. 简述展会评估工作的一般顺序。
5. 会议室环境布置的方案有哪些？